DIFFERENT STRATEGY & SKILL

성공적인 티칭을 보장하는

좋은 선생 훌륭한 선생

JY영쌤

취업 교지와 상담을 하면서 은근히 강조하였던 많은 차별화였다. 이에 공감하지 않는 학생은 단 한 명도 없었다. 그러나 실제 상당수 학생들의 준비된 서류와 작성내용 그리고 말을 들어보면 대부분은 스페 쌓기였다.

높은 학점과 어학점수, 자격증과 인턴 경험으로 차별화를 준비하고 있다는 학생에게, "자네와 같이 면접장에 앉아 있는 경쟁자들의 수준은 어느 정도일 것 같은가?"라고 질문하면, 마뜻거리며 "지염한 경쟁을 앉고, 차별화 포인트가 있어야 한 다는 것은 알지만, 달리 어떻게 할 수 없어요. 일단은 서류는 통과되어야 하니까." 학점에 신경 쓰고, 어학점수, 자격증 준 비를 하고 있다는 현실적 호소를 들으면, 안타까움과 답답함을 멸쳐 버릴 수가 없었다.

차별화는 다른 지원자와 구별되는 것이므로, 학생 개인들은 이미 차별화되어 있다. 더구나 미래의 잠재 럭까지 고려한다 면 차별화의 정도를 단정할 수도 없을 것이다. 그러나 경쟁상황에서 우위를 화보할 수 없다면, 더구나 상대가 인정해 주 지 않으면 차별적 영향력은 발휘되지도 않는다.

기업의 차별화 전략이 생산제품을 구매하는 고객의 만족 실현으로 완성되는 것처럼, 취염에서의 차별화 전략도 고객인 기업의 입장에서 접근해야만 자신의 노력이 완성되는 것이다.

수많은 고객을 모두 만족시키는 제품과 서비스를 만들어 내는 기업은 없다. 더구나 우수한 제품도, 저염한 제품도 고객 이 구매해주지 않으면 기업활동 자체는 이미가 없으며, 생존까지도 위협받게 된다. 이에 기업들은 자신의 상품을 구매해 줄 만한 고객을 찾고, 그 고객이 희망하는 제품을 만드는 전략을 끊임없이 추진하고 있다.

취업을 준비하는 학생도 기업의 입장과 같을 것이다. 자신을 채용할 만한 기업을 찾고, 그 기업이 원하는 역량을 개발하여야 한다. 그런데 학생들이 지금 개발하고 있는 역량은 어떠한가, 어떤 기업에도 통할 것 같은 스펙 쌓기에 몰두하며, 경쟁에 지쳐 허덕이고, 포기까지도 하지 않는가?

열심히 공부해서 쌓은 스펙을 기업이 선택하지 않는다면, 그것은 팔리지 않는 재고품과 다름이 없다. 팔리지 않는다고 해서 바겐세일도 할 수 없고, 폐기처분도 할 수 없는 것이 청춘이지 않는가?

취업역량을 균형하는 도서와 컨설턴트가 넘칠 정도로 많지만, 그 내용과 역할이 선언적 명제를 제시하는 수준이라서, 학생들은 차별화된 역량개발을 실천으로 옮기지 못하고 있다. 이에 늘 하던 방법대로 공부하고, 주변 친구들의 방법을 따라하고 있는 것이 현실적 안타까움이다.

이에 차별화의 전략과 스킬 그리고 실천방법을 구체적 제시하여, 스스로 찾아가는 주도적 역량개발을 실천할 수 있도록 하는 것이 진정한 선생의 의무이고 역할이라고 생각한다.

본서는 역량개발 전략과 스킬의 실천매뉴얼로서, 구지 학생들의 경쟁력 개발을 실천할 수 있게 해줄 것이라 확신한다.

1장 성공취업에서는 취업전략에 대한 차별화 방법을 구체적으로 이해할 수 있도록 할 것이다.

2장 목표수립에서는 목표이해를 바탕으로 실행력을 높이는 계획을 수립할 수 있도록 할 것이다.

3장 자기이해에서는 경쟁력을 강화하는 시각과 방법을 구체적으로 제시하여 줄 것이다.

4장 역량개발에서는 차별화된 핵심역량을 만들어, 내재화하고 홍보까지 할 수 있도록 할 것이다.

5장 기업이해에서는 기업분석의 완성을 가능하게 하고 목표기업을 결정할 수 있도록 할 것이다.

6장 지원서작성에서는 매력적인 자기소개서의 작성법을 완성할 수 있도록 해 줄 것이다.

7장 면접스킬에서는 주도적인 면접을 이끄는 완벽한 전략을 수립할 수 있게 해 줄 것이다.

본서의 차별화 전략과 스킬은 경영학이 이론과 접근시각을 응용하여, 취업전략의 내실화를 다졌고, 채용실무와 취업공고의 경험을 종합하여, 취업현장에서의 실천력을 강화하는 데 역점을 두었다.

청년 학생들에게 취업준비에 대한 인식전환과 차별화된 역량개발의 기반을 다지게 하고자 "이렇게 하면 절대 실패하지 않는 성공취업가이드"를 꼭 실천하면서, 경쟁력 강화를 구체화할 수 있는 역량개발 실행스킬 심화하겠다고 한 약속을 지키게 되었다.

본서는 기본편인 "성공취업가이드"의 내용을 보완하고, 취업준비에 대한 실천적 스킬을 제공한 심화편으로서, 기본편의 내용과 함께 참고하면 보다 효과적인 이해가 될 것이다.

성공취업 교정 활동을 시작한 이후 1,500여 회의 강의, 1,000여 회의 기업방문, 1,500여 명의 상담의 경험을 바탕으로, 이렇게만 하면 성공취업은 보장된다는 심정으로 본서를 집필하였다.

이에 본서를 통해서, 청년 학생들이 취업에 대한 인식을 정립하고, 역량개발의 올바른 방향과 방법을 이해하여, 실천으로 옮기길 바란다.

본서에서 제시하는 72개의 차별화 전략과 스킬은 성공적 경쟁력 확보에 중요하는 않지만, 경쟁우위 대비에는 효과적일 것이다. 하지만 성공적 결과를 얻느냐, 얻지 못하느냐는 개인의 실천과 실습에 달려 있음을 강조한다. 이는 단순히 노과심 때문만이 아니라, 청춘의 힘에 믿음이 있음이다.

∨

청춘의 설레는 가슴에, 뜨거운 힘을, 불어넣는 바람의 역할을 한 지 어언 10년이 눈앞에 와 있다.

예기치 않은 코로나 환경이 청춘 학생들과의 만남을 여유롭지 않게 하지만, 연락 오는 학생들의 안타까움이 연구실과 SNS을 떠나 놓치 못하게 한다.

지금은 사막과 같은 내일을 걷고 있는 것 같지만, 분명 그 끝에는 사랑과 이상, 희망과 열락의 아름다운 동산에 도달하게 될 것이라고 격려하며, 청춘의 심장에 열정의 피가 끓어오르길 기원한다.

본서는 2020학년도 대구대학교 학술연구비 지원에 의거 집필하게 되었다. 이 과정에서 격려해 주신 교수님, 교직원 그리고 본서 출간에 완성되도록 도와주신 박영사 장규식 과장님과 직원들의 노고에 무한한 감사를 드린다.

마지막으로 필자의 인생동반자인 아내 정현과 늘 지지해준 딸 영수, 사위 창호, 아들 윤수에게 고마움을 전한다.

누부신 가을 햇살이 스며드는 연구실에서

서연용 드림

차례 CONTENT

PART 06 지원서 작성

PART 07 면접스킬

01 성공취업의 출발

▶ 성공의 올바른 이해

- 성공은 목표의 달성이 아니라 목적의 성취로서, 목표는 목적의 추진과정에서 선택한 점이다.
- 성공은 타인과 경쟁하여 소유하는 것이 아니라, 자신과 경쟁하여 만족하는 것이다.
- 성공은 자신의 길에서 영원한 1등을 가능하게 하므로, 실패의 불안과 경쟁하지 않는다.
- 성공은 자신의 이해와 확신 그리고 올바른 목표의 선택으로 앞당겨진다.

▶ 성공취업(Success in Job)의 개념

- 자신이 하고 싶은 일(job)을 (직업적 비전, 목적 실현)
- 자신의 스타일(style)대로 하였더니 (직업적 가치, 개성, 적성, 관심사의 실현)
- 보상이 인정되는 곳(place)에 (사회적 신분, 경제적 수입, 관계적 교류 획득) 들어가는 것이다.
- 성공취업은 취업성공(get the work-place)만으로 이루어지는 것이 아니다.

▶ 성공취업의 출발

- 자신에게 확신이 서야 성공취업이 가능하다. (yes, I can)
- 자신과 기업이 눈높이를 맞추면 성공취업이 가능하다. (눈높이는 낮추고, 높이는 것이 아니다)
- 기업을 이해하면 성공취업이 가능하다. (직무, 문화의 이해가 우선이다)

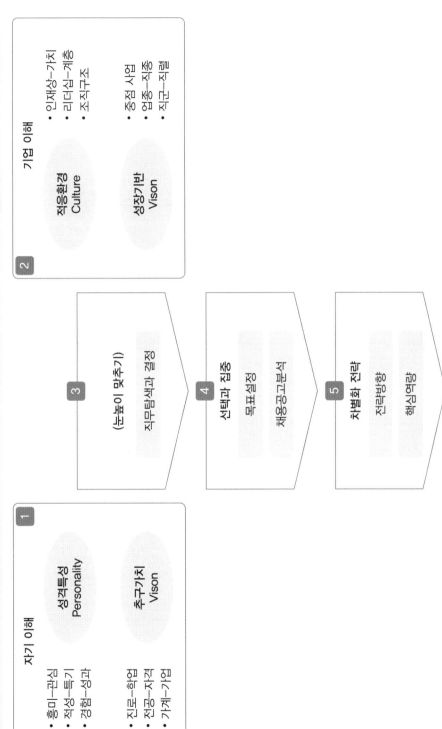

차별화전략스킬

02 성공취업을 위한 대학 학업

▶ 대학 학업(공부)의 이해

- 대학 학업은 삶의 비전 정립과 전문영역에서의 직업적 비전을 구체화하는 준비과정이다.

- 직업적 비전은 성공취업을 통해 실현되므로, 대학 학업은 직무의 탐색과 결정을 강화해야 한다.

- 학업과정에서 직무결정을 못한 것은 목적없이 대학을 다닌 것과 다름이 없다.

▶ 취업역량 확보 방향

- 취업은 자아 정립을 바탕으로 한다.

- 취업은 직무의 탐색과 결정에서 시작되며, 이 과정이 바로 직업의 선택이다.

- 취업할 기업의 선택이 선택에 앞서 직종, 직군, 직렬, 직무의 선택이 우선되어야 한다.

▶ 직무탐색의 방법

- 직무탐색과 기업분석의 중요성을 알면서도 그 실천을 스펙을 쌓고 난 후로 유예한다면, 이것은 밀림(密林)에서 집무를 지 면서 길(道)을 만드는 격이다.

  • 길이 보이지 않는다고 무작정 집무과 품을 지며 힘들어 하지 말고 (무작정 스펙 쌓기)

  • 잠시 여유를 가지고 길너을 감면서 (전공 하습과 진로탐색)

  • 하늘의 별자리를 보며 방향을 잡고, 디듬어 보라. (선배 및 현장 실무자 만남)

  • 막막해 보일 수도 있지만, 체력을 비축하면서 집중하면 (핵심역량요소 강화)

  • 조만간 작은 오솔길을 발견할 것이고, 이어서 큰 길을 찾을 것이다. (성공취업 실현)

대학 학업의 과제

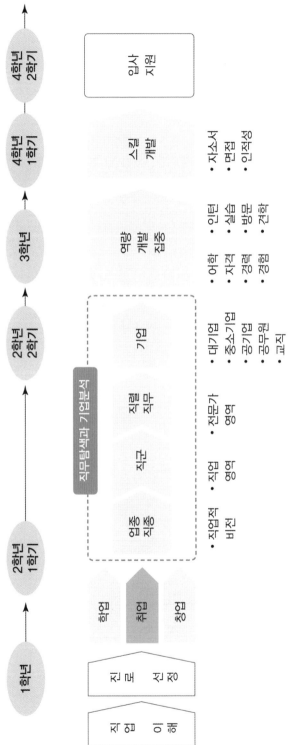

- 1학년 때는 준비하려는 인재(dreaming nomad)가 되라.
- 2학년 때는 준비하는 인재(vision designer)가 되라.
- 3학년 때는 준비한 인재(trained talent)가 되라.
- 4학년 때는 준비된 인재(competitive candidate)가 되라.

차별화전략스킬

03 취업준비 측정

▶ 취업준비의 개념

- 취업목표의 선정을 바탕으로, 역량개발하였던 3학년까지의 공부는 기초체력을 다진 것이다.
- 본격적인 취업준비는 자신의 역량을 전략화하는 것으로 차별화 포인트를 다지는 것이다.
- 취업의 기회는 언제 찾아올지 모른다. 준비되어 있지 않으면, 그 기회는 다른 사람에게로 가고 만다.
- 스펙은 유형(showing)의 역량이지만, 스킬은 무형(invisible)의 경쟁력으로 모방되지 않는 역량이다.
- 취업의 준비는 스펙만으로는 충분치 못하다.

▶ 취업준비의 측정

- 4학년이 되면 준비된 인재(competitive candidate)가 되어야 한다.
- 졸업을 앞둔 1년은 여유로운 기간이 아니다. 그렇다고 급하게 서두르라는 것이 아니다.
- 취업준비는 전략적으로 하여야만 효율적이고, 효과적인 성과로 이어진다.
- 취업준비를 측정하여 경쟁상황을 대비하는 것은 경쟁우위를 다지는 강화 활동이다.
- 취업준비는 PDCA(Plan-Do-Check-Action)의 취업전략을 추진하는 대학에서의 취업과정이다.

취업준비 평가 리스트

		평가 내용	준비 사항
이력서	1	이력서에 기록되는 내용을 알고 있는지?	•이력서 작성요령부터 익혀라.
	2	자신의 스펙을 한 장에 정리해 본적이 있는지?	
	3	6개월 이내에 촬영한 증명사진이 있는지?	
자소서	4	취업에 대비한 자기분석을 해보았는지?	•작성확인과 직업적 가치를 정립하라.
	5	자신을 어필하는 스토리를 요약해 본적이 있는지?	•경험과 경력의 PCRS를 정리하라.
	6	지원하고자 하는 기업을 선정해본 적이 있는지?	•기업분석을 한 후,
	7	지원하고자 하는 기업이 인재상 등을 알고 있는지?	자기 친화성이 높은 기업 3곳을 정하라.
	8	자소서 항목의 질문 의도를 분석해 보았는지?	•자소서 작성요령을 익히고,
	9	자소서 작성법을 이해하고, 사례를 읽어 보았는지?	자소서 작성을 직접 해보라.
인적성	10	인적성검사의 내용을 알고 있는지?	•인적성검사 문제를 직접 풀어보고,
	11	인적성검사 모의테스트를 해보았는지?	학습계획을 수립하라.
	12	인적성검사 대비 학습계획을 세웠는지?	
	13	전공 및 상식학습 계획이 있는지?	
면접	14	자신을 돋보이는 면접 복장을 준비하였는지?	•첫인상을 위한 점검리스트를 정리하라.
	15	좋은 인상을 가지고 있다는 말을 들어 보았는지?	
	16	사람들 앞에서 자기 생각을 당당히 말할 수 있는지?	•모의면접 일정을 확인하고,
	17	면접장에서 주의해야 할 사항들을 확인해 보았는지?	3회 이상 참석하라.
	18	모의 면접에 참석해 본적이 있는지?	

04 성공취업의 전략

▶ **전략의 개념적 이해**

- 전략은 효율적 자원 배분과 실행력 강화를 추구하고자 하는 의사결정과정이다.
- 전략은 PDCA(Plan-Do-Check-Action)의 체계적인 과정을 지속하는 활동이다.
- 전략은 목적에 따라 사업(business)전략, 경영(management)전략, AA전략 등으로 명명한다.

▶ **경영전략의 수립 절차**

① 미션과 비전 그리고 경영목표의 달성을 위하여 경영환경 및 현상에 대한 객관적 분석을 바탕으로

② 경영전략을 수립하고, 실행 과제의 세부적인 활동 계획을 준비하여

③ 조직구조, 통제시스템, 조직문화를 구축하며

④ 구성원의 활동을 통해 실행을 전개하도록 하고, 그 결과를 평가하고 관리한다.

▶ **전략적 의사결정의 핵심**

- 경영전략은 일상적인 업무계획과는 구별되는 의사결정과정이 수반된다.

• 사업영역(Business Domain)의 선정 (Where to Compete) − 취업전략에서는, 지원 직무 및 기업의 결정이다.

• 선정된 사업영역에서 경쟁 방식의 결정 (How to compete) − 취업전략에서는, 차별화 경쟁 역량의 확보와 강화이다.

• 사업추진의 일정 및 속도의 결정 (When to compete) − 취업전략에서는, 역량개발 일정, 입사지원시기 등의 실행계획이다.

취업전략의 핵심과제

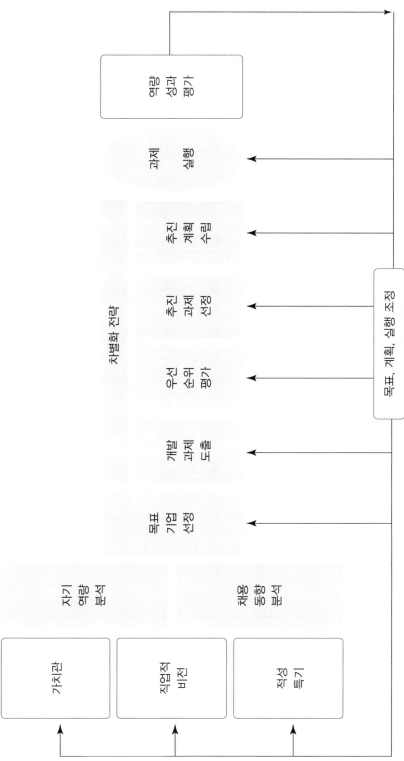

차별화전략스킬

05 성공취업의 A~Z

▶ 성공취업은 Great company에 입사하는 체계적인 활동이다.

– 하고 싶은 일(job)을, 자신의 style에 따라 추진하였더니, 칭찬과 보상이 실현되는 위대한(great) 회사에 입사하는 것이 성공취업이다.

– 높은 처우와 지명도 높은, 좋은(good) 회사에 입사하겠다는 보편적 인식과는 다르다.

▶ 성공취업을 위하여는

– 자신의 직업적 비전(professional vision)이 정립된 후에, 기업분석이 되어야 한다.

– 경쟁상대는 경쟁장소에 있으므로 목표설정(직무, 기업)이 되어야 한다.

– 경쟁역량은 기업이 승인하는 것이므로, 높고, 많은 것으로 평가되지 않는다.

– 경쟁력은 기업이 요구하는 역량의 기대수준이 경쟁우위에 있을 때 발현되는 것이다.

– 역량에 ALL & BEST는 비현실적이고, 비효과적이므로 선택과 집중의 전략이 필요하다.

– 자신의 성공취업과 기업의 성공채용은 Right People로서 실현된다.

성공취업의 A~Z

적성 확인
- 적성, 특기, 흥미, 관심을 먼저 확인하는 것이 성공취업의 출발임.

직무탐색결정
- 어떤 분야의 전문가가 되고 싶다는 비전 확립이 직무탐색, 결정임.
- 업종 → 직종 → 직군 → 직렬 → 직무

스펙 쌓기
- 경쟁력은 목표지향적인 차별화된 역량으로 확보됨.
- 4S(Strategic, Special, Structural, Systematic)과정도 어필포인트가 됨.

기업분석
- 직무-조직문화-채용공고 분석을 통해 Right people 적합성 확인함.
- Good company와 Great company는 다름.

회사 선정
- 목표기업 3곳을 정하고, 기업의 이슈를 확인하고 관찰함.

채용공고탐색
- 공고내용에는 채용 의도가 담겨져 있음.
- 지원 서류는 승인 받는 것으로 전략적으로 작성되어야 함.

이력서 작성
- 이력서에서 매력적인 첫인상이 결정됨.

자소서 작성
- Right people임을 강조하고, 주도적 면접을 이끄는 질문 포인트 삽입함.

면접 참석
- 면접의 주관자로서, 전략적 시나리오를 준비하여야 함.

교육 참석
- 중도 및 조기 퇴사는 불충분한 기업분석 때문임.
- 입사 포기 경험은 성공취업 가능성을 높여 주지 못함.

06 취업전략의 조건

▶ **성공취업을 위한 목표 마인드**

- 성공취업은 직장을 잡는(get the workplace) 것만이 아니다.
- 스펙 확보 후에 기업을 선정하겠다는 생각은 무의미한 100전 100승의 희망일 뿐이다.
- 목표로 정한 직장에의 취업전략은 1전 1승이 가요로 수립하고, 주진하여야 한다.
- 목표는 '해야 할 것'을 열심히 하도록 방향과 동기를 부여한다.
- 목표를 세우지 않고 열심히 하는 것을 '하지 않아도 될 것'을 하는 낭비를 유발한다.
- 성공취업의 전략은 경력개발 경로이고 방향으로, 한 번으로 그치는 것이 아니다.

▶ **성공취업을 위한 취업전략 체크사항**

- 기업분석(JOB)을 바탕으로 취업목표(직무와 기업)를 선정하여야 한다.
- 지원직무의 수행을 위한 직성과 해심역량 강화를 위한 단기적 차별화 계획을 수립해야 한다.
- 실행계획의 달성 가능성과 성공취업을 지향하여야 한다.

취업전략 평가 리스트

평가 사항	보완 Point
기업 분석 선행	
① 직무의 내용(과제 및 역할)을 탐색하고 정의하였는가?	
② 조직문화의 7S특성과 대표적 유형은 어떠한가?	
③ 채용공고의 내용(의도 및 목적)을 탐색하여 파악하였는가?	
목표 구체성	
④ 지원직무를 다른 사람에게 충분히 설명할 수 있는가?	
⑤ 지원직무가 자신의 적성과 맞다는 근거는 무엇인가?	
⑥ 지원기업(조직)에서 요구하는 인성을 가지고 있는가?	
⑦ 지원직무 수행을 위한 요구역량은 무엇인가?	
보유 역량	
⑧ 현재 보유하고 있는 역량은 직무수행에 충분한가?	
⑨ 1~2년 이내에 직무수행역량을 확보할 수 있는가?	
실행 계획	
⑩ 경쟁력을 강화할 수 있는 계획내용(과제)은 무엇인가?	
⑪ 실행계획(과제)이 달성 가능성은 높은가?	
⑫ 실행계획이 성공취업의 관점에서 수립되었는가?	

차별화전략스킬

07 취업전략의 차별화

▶ 취업전략은 차별화전략이다.

- 취업은 입직 – 승진 – 유지 – 이동 – 퇴직의 Life cycle 全 과정이다.
- 취업전략은 장기적 관점뿐만 아니라, 단계별로 차별화되는 것이다.

  • 차별화는 고객의 욕구를 충족시켜주는 경쟁력의 원천이다.
  • 차별화는 시장의 모든 고객이 아닌 자신이 선정한 고객에 대한 만족을 위함이다.
  • 차별화는 상대적 비교우위를 전략적으로 확보하는 방법이다.
  • 차별화는 가시적이고 물리적 특성뿐만 아니라, 고객이 느끼는 선호 이미지에서도 생긴다.

▶ 차별화의 방법

- 차별화는 핵심역량을 어떠한 방향, 방법으로 강화하느냐 하는 것이다.
- 차별화의 방법은 세분화와 다각화이다.

  • 세분화(segmentation)는 역량의 집중(focus)과 심화(enrich)로 진행된다.
  • 다각화(diversification)는 역량의 확산(diffuse)과 확대(enlarge)로 진행된다.

취업전략의 세분화 및 다각화 방향

<table>
<tr><td colspan="2">세분화 전략</td><td>핵심역량</td><td colspan="2">다각화 전략</td></tr>
</table>

세분화 전략

- 직무 역량의 심화, 강화
  - 대학원 진학
  - 연수, 교육 추가
- 단기진입계획 우선 수립
  - 先경소기업
  - 後경력 지원

- 시장경쟁강화를 위해
- 핵심역량의 집중 적용
- 세분화 방법
  - 제품/가격(저, 중, 고)
  - 고객/시장 세분화
  - 고객구매욕구 세분화

핵심역량

① 경쟁자 대비 우수성
② 직무와 조직의 적합성
③ 비교되지 않는 특이성
④ 성과실현 기대 충족성

① 경쟁사 대비 우위확보
② 가치창조, 확신에 기여
③ 모방할 수 없는 희소성
④ 다른 사업에도 적용가능

다각화 전략

- 적성과 비전 확립, 확대
  - 同직무 異업종 지원
  - 同직무 異지역 지원
- 장기탐색계획 우선 수립
  - 업종 B/S분석
  - 직무탐색활동

- 지속성장과 위험분산
- 핵심역량의 확대 적용
- 다각화 방법
  - 관련/비관련 다각화
  - 제품/고객 다각화
  - 내부) 자본/노동 다각화

취업
전략

사업
전략

15

08 취업전략의 세분화

▶ 세분화 전략의 개념과 절차

- 세분화 전략은 개별 시장의 특성에 적합한, 경쟁우위 역량을 통하여, 차별적인 가치를 제공하기 위함이며, 제한적인 경영 자원의 효율적 활용을 위함이다.

- 세분화의 기준은 제품의 특성, 고객의 유형, 고객의 구매 행위 등으로 다양하게 실시되며, 사업의 경쟁 특성에 따라 달라지고 한다.

- 세분화의 일반적 절차는 ① 시장세분화 기준을 선정하고, ② 시장세분화 기준으로 매트릭스를 작성하여, ③ 각 시장 Segment 별 매력도를 평가하여, ④ Target Segment를 선정한다.

▶ 취업전략의 세분화

- 취업을 위한 세분화는 자신의 경쟁우위 역량을 확인하여, 목표기업 및 지원직무를 선정하고, 효율적인 역량개발을 하기 위함이다.

- 개인의 역량level 및 개발방향, 기업의 직무level 및 채용기준 등을 기반으로 기업을 매트릭스별로 세분화하여 목표기업을 전략적으로 선정할 수 있다.

▶ 취업전략의 세분화 절차

① 개인역량, 직무수준, 선발기준 등의 세분화 항목을 선정하고 ② 세분화한 항목별로 각 level을 구분(상, 중, 하)하여 메트릭스를 만든다. ③ 매트릭스상에서 해당하는 기업을 예측하여 해당 위치에 표시한다. ④ 각 기업별 자신의 매력도, 호감도를 평가하여 구체적인 기업을 작성한다. ⑤ 자신의 매력, 호감 기업 중에서 도전 목표기업을 선정한다.

취업시장 세분화 예시

직종/직군/직렬
A직무 / B직무 / C직무

경 쟁 수 준

| 높음 | 보통 | 낮음 |

연 봉 수 준

| 높음 | 보통 | 낮음 |

| 지식(시험) | 스킬(경력) | 태도(면접) |

종점 선별 기준

● ① 공기업군
● ② 대기업군
● ③ 중견기업군
● ④ 강소기업군
● ⑤ 소기업군

■ 1 증권군
■ 2 은행군
■ 3 금고군
■ 4 보험군

▲ a 항공군
▲ b 호텔군
▲ c 관광군

09 취업시장의 분류

▶ 취업시장은 진입경쟁과 기대역량을 기초로 세분화할 수 있다.

- 취업활동은 자기역량을 구매하고자 하는 기업의 기대 충족을 이끄는 경쟁활동이다.
- 기업마다 기대 수준의 차이가 있으므로, 개인도 역량 차별화가 필요하다.
  - 전문시장: 선호도가 높아 전문적 특화역량을 요구하는 글로벌 대기업群
  - 경쟁시장: 선호도가 높아 지엽한 경쟁극복이 요구되는 유명 대기업群
  - 안정시장: 전국적 선호도는 낮지만 역량의 전문성이 요구되는 지역 우량기업群
  - 지역시장: 선호도가 높지 않고, 조직적응역량을 요구하는 지역 중소기업群

▶ 취업전략은 취업시장 진입과 이후 개별계획을 수립하는 것이다.

- 성장비전과 우수한 처우를 기대하며 대기업균 취업을 선호하지만,
- 취업시장의 경쟁환경과 요구역량은 냉철한 자기평가와 강화노력을 요구한다.
- 취업전략은 자기위상에 기초하여, 비전달성을 강화해 가는 단계적이고 장기적인 과정이다.

▶ 취업전략의 방향은 준비된 역량수준과 취업시장을 고려하여 자신의 경력경로를 설정한다.

- A전략(상향확장전략): 하위과 경력의 확장을 통해 상향 진입 전략
- B전략(경력이동전략): 경력자원으로 이동하는 진입 전략
- C전략(강화안정전략): 중기 경력의 축적으로 위상강화 및 안정추구 전략
- Z전략(유연이동전략): 하위과 경력을 쌓아가면서 유연하게 이동하는 전략

취업시장의 분류와 전략 방향

B 경력사원으로 대기업군으로 진입전략

A 하향. 경력의 확장으로
글로벌기업 / 창업으로
성장전략

C 경력의 강화로
경영자 / 창업으로
성장전략

대 기 업	중 견 기 업	중 소 기 업

강 ← 경쟁 심화도 → 약

(경쟁시장)

(전문시장)

(지역시장)

(안정시장)

A

B

C

기초역량

기본역량

전문역량

역량 심화도

약 ← → 강

CHAPTER 02 목표수립

10 목표의 이해

▶ 목표의 의미

- 목표는 과제를 계획하게(Planning) 하는 것.
- 목표는 계획을 실행하게(Doing) 하는 것.
- 목표는 성과를 측정하게(Checking) 하는 것.
- 목표는 다음 목표를 또 수립하게(Action) 하는 것.
- 비즈니스 환경에서의 목표는 탁월/우수한 것이 아니라, 경쟁 우위한 것을 요구한다.
- 도전적 목표는 더 우위의 위치를 전제로 전략적, 의욕적인 방법의 개발을 자극한다.
- 자신(Self)이 알고 있는(See), 조정(Switch)할 수 있는, 도전적인(Stretching) 목표는 자신감을 이끈다.

▶ 목표의 종류

① 과제 목표 (lacking task)
  - 당장 해야 할 긴급한 과제, 단기 실행 목표
  - 시간과 비용의 효율적인 방법 모색이 효과적임.

② 도전 목표 (stretching target)
  - 좀 더 노력해서 도달하고자 하는 목표, 중기 계획 목표
  - 해결 과제의 우선순위 결정이 효과적임.

③ 지향 목표 (setting goal)
  - 이루고자 하는 지향 방향, 장기 비전 목표
  - 냉정한 자기평가, 간절한 의지, 전략적 계획이 효과적임.

목표의 위치

지향
목표

미래의 목표

gap3

n년 후의
우수한 위치

도전
목표

gap2

과제
목표

gap1

현재의
우수한 위치

현재의 위치

현재

미래

11 SMART한 목표

▶ 목표설정의 의미

- 목표는 꼭 해야 하는(Must Have) 것, 꼭 하지 말아야 하는(Never Doing) 것으로, 안 해도 될 일을 열을 제대로 하는 것은 쓸데없는 일을 하는 것과 같다.

- 목표는 전략적인 STP(Segmentation, Targeting, Positioning) 사고로 접근해야 한다.

- 목표설정은 과제를 선정하여 실행을 하기 위함이다.
  - 목표설정은 실행이 가능하도록 과제를 설정하여, 그 실행이 진척을 확인하고자 함이다.
  - 실행의 결과는 목표달성이고, 목표의 달성은 또 다른 목표를 수립하기 위함이다.

▶ 목표설정의 SMART 법칙

- 목표는 구체적이어야(Specific) 한다.
- 목표는 달성가능하여야(Attainable) 한다.
- 목표는 시간반영이 되어야(Time based) 한다.
- 목표는 측정가능하여야(Measurable) 한다.
- 목표는 결과지향적이어야(Result Oriented) 한다.

▶ SMART 확보 요령

① 정량화/수량화(quantify): 숫자를 활용하여 정량적으로 표현한다.
② 가시화/시계열화(timely): 시계열적으로 진척 과정 및 단계를 표현한다.
③ 사실화/현재화(comparable): 전후 비교치와 평가기준을 표현한다.

SMART한 목표 평가

당신의 목표/과제를 기술, 표현해 보세요.

목표 평가표

	평가 질문	Yes/No	보완/수정
1. Specific	• 표현 문구에 숫자가 포함되어 있는가? • 객관적 해석과 이해가 가능한가?		
2. Measurable	• 진척 정도를 측정할 수 있는가? • 달성여부를 확인할 수 있는가?		
3. Achievable	• 노력하면 달성가능한가? • 달성 내용 및 결과가 합리적인가?		
4. Result oriented	• 결과치를 표현하였는가? • 전후 결과를 비교할 수 있는가?		
5. Time based	• 데드라인이 있는가? • 종료, 개시, 점검 시점이 있는가?		

✔ 보완/수정 사항을 반영하여, 목표/과제를 다시 표현해 보세요.

12 핵심성과지표

▶ 핵심성과지표(KPI)의 효과

- 관리되지 못한 목표는 선언, 구호에 그치거나, 지연, 중단의 변명 찾기를 허락한다.
- 목표를 관리하는 지표로서 KPI(Key Performance Index)가 필요하다.
  - 목표의 달성 방법과 가능을 알려 준다.
  - 계획의 진척과 조정 방향을 알려 준다.
  - 계획의 성과를 평가할 수 있게 해준다.

▶ KPI의 MOCE 조건

① 객관적 측정(Measure) 가능한 지표
- 정성적 지표는 최대한 변수화하여, 객관적으로 확인할 수 있도록 하여야 한다.

② 결과(Output) 중심의 지표
- 언제, 무엇을, 얼마나 투입하였는가?가 아닌, 실행결과를 가시화할 수 있어야 한다.

③ 통제(Control) 가능한 지표
- 자신이 직접 설정, 조정, 변경할 수 있어야 하며, 필요시 하향 또는 상향할 수 있고, 하여야 한다.

④ 목표에 영향(Effect) 가능한 지표
- 실행결과가 목표에 어떤 영향을 미치는지 고려되어야 한다. KPI를 완수했다면, 한 단계 성장한 것이다.

KPI 작성 사례 예시

실행 목표	Good KPI	Wrong KPI
전시회 견학	전시회 티켓 8월 예약	전시회 참가
실무자 면담	실무자 명함 5장 받기	실무자 만남
인턴 참가	11월 채용설명회 참석	인턴 합격
어학성적 향상	2월 시험 응시	목표 점수 달성
자격 취득	학원 100% 출석	학원 등록/공부
면접스킬학습	모의면접 2회 참여	면접스터디 활동
기업분석 실시	공유 미팅 2회 실시	기업분석 완료
목표기업 결정	채용설명회 3회 방문상담	목표기업 3개 선정

13 문제해결 방법

▶ 문제해결의 의미

– 성공은 문제를 해결하는 것이며, 문제를 정확하게 파악하는 것이 문제해결의 출발이다.

– 문제를 해결하기 위해서는 아래와 같이 논리적으로 그 원인과 결과를 찾아야 한다.

- 문제가 있다는 사실을 인식하라. 그리고 문제를 제대로 정의하라.
- 다양한 해결책을 생각하라. 그리고 가장 효과적인 전략을 선택하라.
- 선택한 전략을 실행하는 것이다.

▶ Logic Tree 작성의 개념

– 문제의 구성요소를 논리적, 체계적으로 분류, 전개하여 해결과제를 선정하는 방법이다.

– 상하위소와 인과관계가 있는 하위요소를, 논리적 사고의 기준으로 하류 전개하는 방법이다.

– Logic tree에 의거 도출된 다양한 문제해결안들은 Idea로서, 해결안의 우선순위 결정으로, 최종 과제의 구체적인 실행계획을 수립하는 것이다.

– 원인규명(Why Tree), 해결안 도출(How Tree), 과제 선정(What Tree), 현상분석, 체크리스트 등 여러 용도로 사용할 수 있으므로 작성 및 전개 목적을 명확히 할 필요 있다.

▶ Logic Tree 작성의 핵심사고

– Zero–Base thinking : 고정관념, 기존패턴을 뛰어 넘어, 다시 생각하라.

– MECE thinking : 구성요소들은 중복되지 않게, 누락되지 않게 전개하라.

– Option thinking : 결정과 선택을 하면서 사고의 목과 깊이를 암축하라.

Logic Tree 작성 요령

기본 구조

전개 절차

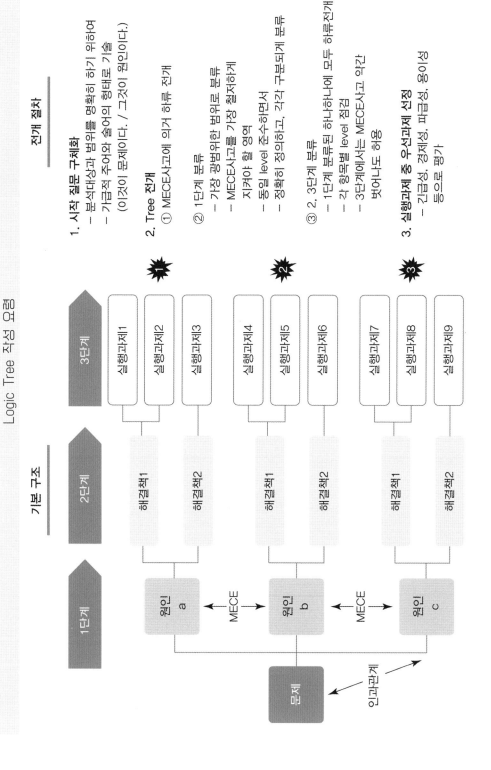

전개 절차

1. 시작 질문 구체화
   – 분석대상과 범위를 명확히 하기 위하며
   – 가급적 주어와 술어의 형태로 기술
   (이것이 문제이다. / 그것이 원인이다.)

2. Tree 전개
   ① MECE사고에 의거 하류 전개
   ② 1단계 분류
   – 가장 광범위한 범위로 분류
   – MECE사고를 가장 철저하게 지켜야 할 영역
   – 동일 level 준수하면서
   – 정확히 정의하고, 각각 구분되게 분류
   ③ 2, 3단계 분류
   – 1단계 분류된 하나하나에 모두 하류전개
   – 각 항목별 level 점검
   – 3단계에서는 MECE사고 약간 벗어나도 허용

3. 실행과제 중 우선과제 선정
   – 긴급성, 경제성, 파급성, 용이성 등으로 평가

기본 구조

3단계 · 2단계 · 1단계

실행과제1 · 실행과제2 · 실행과제3 · 실행과제4 · 실행과제5 · 실행과제6 · 실행과제7 · 실행과제8 · 실행과제9

해결책1 · 해결책2

원인 a ← MECE → 원인 b ← MECE → 원인 c

문제

인과관계

14 MECE 기법

▶ MECE의 개념

- Mutually Exclusive and Collectively Exhaustive의 약정이다.
- 선정대상(문제)의 구성요소들이 상호 겹치지 않고, 전체적으로 빠지지 않도록 하는 접근 사고이다.
- 문제, 원인, 과제, 대안 등을 확인해야 할 경우, 모든 경우의 수를 고려하기 위한 기준 사고이다.
- 대상주제(문제, 원인, 과제)가 너무 크거나, 작은 경우에는 MECE전개의 실효성이 떨어질 수 있다.

▶ MECE 실시 이유

① 생각을 구조화 하기 위해 → 복잡한 사항을 구조적, 단계적으로 묶어서 전체적으로 전개한다.
② 고정관념과 편견을 극복하기 위해 → 관점 및 시각을 재관찰적으로 확장한다.
③ 심층적 핵심사항을 도출하기 위해 → 표면적인, 경험적인 한계를 극복한다.
④ 실행 가능한 방법을 선정하기 위해 → 최종안을 긴급성, 경제성, 파급성 등의 요소로 평가한다.
⑤ 역량개발 계획수립을 위해 → 자기이해, 과제도출, 기업분석, 면접대비 등에 활용할 수 있다.

▶ MECE의 예시

- 올바른 예시: 과거, 현재, 미래 / 단기, 중기, 장기 / 조식, 중식, 석식 / 남성, 여성
- 잘못된 예시: 어제, 오늘, 내일 (모레는 빠짐) / 직장인, 자영인, 주부 (직장 다니는 주부는 중복)
- 3C전략 분석요소: Customer, Competitor, Company
- SWOT 분석요소: 자기강점, 자기약점, 기회환경, 위협환경

역량개발 과제선정을 위한 Logic Tree 작성 예시

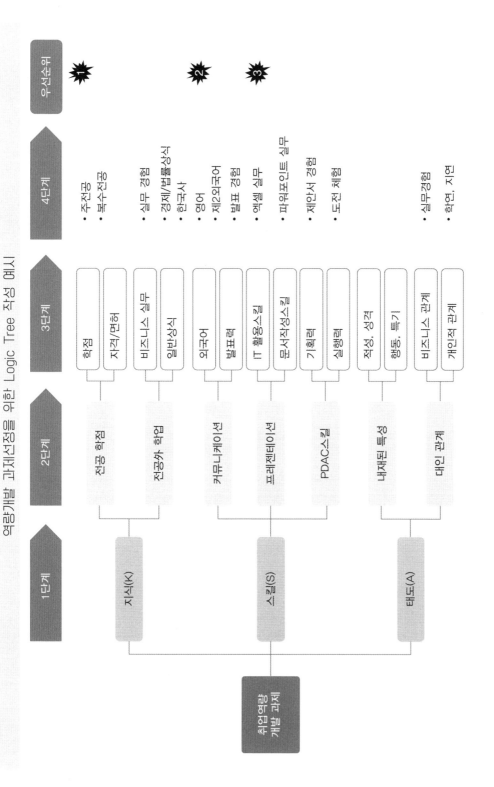

차별화전략_스킬

15 실행계획 수립

▶ 계획수립의 개념

- 계획은 결과로서 종료의 개념(plan)이 아니라, 연속적 진행의 개념(planning)이다.
- 계획을 수립하는 것은 목표를 달성하는 과제, 방법, 일정 등을 정하여 실행하는 것이다.
- 계획은 실행을 하기 위함이므로 실행이 진도 및 일정관리가 되도록 수립되어야 한다.
- 계획의 실행은 평가로서 강화된다. 이에 측정 및 평가의 기준이 포함되어야 한다.

▶ 간트차트(Gantt chart)

- 과제의 계획과 실적 및 진척상황을 손쉽게 비교 확인하고자 사용하는 도해 방법이다.
- 과업의 내용과 진행 순서, 성과(목표)를 정하여 계획의 전체 내용을 시각화한다.
- 과업 간의 관계 및 우선순위, 성과측정기준 등을 정함으로써 계획의 실행이 가능하다.

▶ 계획서 작성 및 실행 절차(간트차트 활용)

① 계획틀(양식) 디자인: 가로축에는 시간, 일정 / 세로축에는 과제의 활동(과업)을 디자인한다.
② 과제의 세부활동 정리: 실행과정에서 예상되는 행동(단위과업) list를 구체적으로 작성한다.
③ 단위과업별 내용 작성: 과업별로 주진내용과 일정을 정한다.
④ 핵심성과지표(KPI) 명료화: 과업별 주진목표의 달성여부를 측정하는 지표를 선정한다.
⑤ 주진목표 결정: 과제를 달성하는 각 과업별 주진목표를 결정한다.
⑥ 과제실행: 계획서의 내용을 단계적으로 실행한다. 가장 중요한 부분이다.

간트차트 작성 예시

단위 과업		추진 내용 및 일정			추진 목표			관리 포인트
		7월	8월	9월	KPI	목표		
기업 방문	현황 조사	흥미 조사	방문지점 확정		지점목록 (10개)	방문지점 확정		- 동행자 선정
	방문시나리오 작성	구성항목 선정	시나리오 초안	동행자 확인	사전검토 미팅 2회	시나리오 완성		
	질문List 작성			질문항목 선정		–		
	기업 정보 정리	기업설명 자료탐색			탐색자료 2건	기업 이해		- 직무내용 - 직무역량 - 조직문화
	예약 & 방문		지인 섭외	기업 방문	지인, 방문자 연락처	기업 방문		
	보고서 작성			방문 소감 정리	소감 공유 미팅 2회	보고서 작성		
	마케팅 제안			마케팅팀 확인	담당자 연락처	제안서 발송		- 피드백 받기

16 일정 관리

▶ 일정관리의 의미
- 해야 할 일에 대하여 How, When을 정하여, 일정수립, 달성평가, 지연대응을 관리하는 것이다.
- 반드시 끝내야 할 일이 있을 때는 어떻게라도 반드시 끝내게 된다.
- 시간이 많으면, 쓸데 없는 일을 부풀려, 주어진 시간을 남김없이 다 쓰고, 막판에 가서야 일을 끝내는 경향이 있다.
- 시간이 없으면, 우선순위를 정하여, 즉시 실시하고, 위임하는 것도 필요하다.

▶ 데드라인의 종류
- 종료(ending) 데드라인: 언제까지 끝내겠다.
- 개시(starting) 데드라인: 언제부터 시작하겠다.
- 점검(checking) 데드라인: 언제까지 이것은 해 두겠다.

▶ 데드라인의 효과를 제대로 활용하고자 한다면
- 작은 일에서부터 데드라인을 정하여 준수하는 연습을 하자.
- 종료, 개시 데드라인을 구체적으로 정하자.
- 중요한 일은 데드라인을 공개하자.
- 여행 스케줄링법을 활용하자.

역행 스케줄링 방법 예시: (상황) 20시에 친구를 만나는데, 내일 지각을 해서는 안 된다.

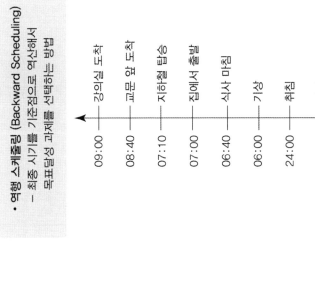

- **순행 스케줄링 (forward Scheduling)**
  – 현재를 기준점으로 순차 계산해서 목표달성 시기를 추정하는 방법

20:00	친구만남
22:00	귀가
24:00	취침
06:00	기상
07:00	집에서 출발
07:10	지하철 탑승
08:40	교문 앞 도착
09:00	강의실 도착

친구를 만나러 빨리 출발한다.

지금 당장 해야 할 일을 선정

- **역행 스케줄링 (Backward Scheduling)**
  – 최종 시기를 기준점으로 역산해서 목표달성 과제를 선택하는 방법

09:00	강의실 도착
08:40	교문 앞 도착
07:10	지하철 탑승
07:00	집에서 출발
06:40	식사 마침
06:00	기상
24:00	취침
22:00	귀가

친구 만남은 21시 전에 끝내야 한다.

준비가 필요요한 일을 미리 계획

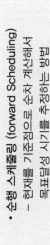

17 시간 관리

▶ 시간활용 습관

– 시간인식과 행동에 따라 시간활용 습관을 습관을 4개 레벨로 구분할 수 있다.

- 1레벨 습관: 메모를 통해 지금 해야 할 일을 표시함.
- 2레벨 습관: 스케줄을 통해 미래의 일을 계획함.
- 3레벨 습관: 목표설정을 통해 우선적으로 해야 할 일을 선택하여 시간을 관리함.
- 4레벨 습관: 기대 가치에 입각해서 꼭 해야 할 일을 선별하여 자기를 관리함.

▶ 시간관리 매트릭스

– 자신의 일에 대한 중요성과 긴급성의 인식에 따라, 일의 수행 과정과 결과는 달라질 수 있다.

- 1상환 활동: 당장 해야 하는 중요한 활동으로, 늘어나면 피로가 발생하고, 4상환 활동으로 도피 경향.
- 2상환 활동: 긴급하지는 않지만, 장기적으로는 중요한 활동으로, 우선순위 결정이 수반됨.
- 3상환 활동: 긴급한 일을 하면서도, 결단의 부족으로 어려움과 오해, 피해를 받는 경향이 발생됨.
- 4상환 활동: 긴급성과 중요성이 낮은 활동으로, 시간의 낭비와 책임감 부족을 지적 받음.

▶ 2상환 활동을 위한 도구/방법

– 2상환 활동은 중요함을 알지만, 급하지는 않기 때문에 실행을 미루는 경향이 있다.

– 1, 3상환 활동은 긴급하여 무시할 수 없지만, 때로는 '못한다'고 말할 수 있는 용기가 필요하다.

– 2상환 활동을 위하여는 독립적 자아의식, 미래지향적 목표, 우선순위의 결단과 실천이 필요하다.

시간 관리 매트릭스

중요한 일

① 긴급한 일

- 위기가 발생된 일
- 급히 처리해야 할 일
- 기한이 임박한 과제
- 다른 사람 부탁, 약속

- 스트레스가 많음
- 심신 피로, 피곤
- 위기관리 치중
- 문제수습에 매달림

② 긴급하지 않은 일

- 사전예방 필요 활동
- 결과 예측이 필요으한 일
- 인간관계 구축 노력
- 중장기 계획

- 비전, 목표지향적임
- 멀리 내다 봄
- 균형, 규율, 자제 노력
- 미루는 경향 발생

중요하지 않은 일

③ 마음이 끌리는 일

- 흐름방해하는 사소한 일
- 눈앞에 닥친 급한 일
- 인기가 있는 활동
- 친구의 다급한 요청

- 단기 성과 위주
- 목표와 계획을 무시
- 피해의식, 자제력 부족
- 가볍다는 평판도 들음

④ 결단력이 요구되는 일

- 잡다하고 하찮은 일
- 매일 반복되는 소일
- 즐겁고 재미있는 활동
- 전화, 우편 기다리기

- 시간낭비 경향
- 타인 의존 경향
- 무책임 지적 받기도
- 위기 봉착의 경우도

18 계획 공개

▶ 공개 부담의 이유

- 계획의 실행에 차질이 생기는 것은 마음 속으로 다진 의지가 떨어졌기 때문이다.
- 결심이 흐지부지되 가장 큰 이유는 그 결심을 마음 속으로만 은밀하게 했기 때문이다.
- 왜 결심을 마음속으로만 은밀하게 했을까?
  ① 고정 관념 – 개인적인 목표와 결심을 다른 사람에게 공개하는 것은 아니다.
  ② 극적 효과 – 혹시나 경쟁자가 생길 수도 있고, 또 큰 성과로 주위를 깜짝 놀라게 하고 싶어서.
  ③ 중도 포기 – 공개했다 못하면 창피하고, 비난, 책임이 따를 수 있으니.

▶ 공개의 효과(Public commitment effect)

- 사람들은 말이나 글로 자신의 생각을 공개하면, 그 생각을 끝까지 고수하려는 경향이 있다.
  ① 말을 바꾸면 행동도 달라진다.
  ② 자신의 말에 책임을 지려고 한다.
  ③ 언행일치는 스트레스를 줄여준다.
  ④ 주위의 지원과 지지를 유도한다.
- 반드시 실천하고 싶은 결심이 있다면, 다른 사람들 앞에서 공개적으로 선언해야 한다.
- 취업활동, 숨어서 하지 마라.
  직업적 비전과 냉정한 현실인식을 가지고 자신감, 앞차게 준비하면 성공은 가능하다.

취업활동 공개 방법

	비전 공개	활동 공개	성과 공개
나	· 직업적 비전을 세워	· SMART목표를 수립하여	· 평가하고 리뷰한다.
부모 가족 에게	· 함께 설정하고 공유하라. · 개념이지를 확인하라.	· 부모를 설득 못하면, 문제 있는 계획이다.	· 목표와 성과를 부착하라. · 솔직히 보고하라.
우호 지인 에게	· 함께하는 동료를 찾아라. · 비전명함으로 알려라.	· 방법과 애로를 공유하라. · 비장의 카드를 알려라.	· 멘토를 정기적으로 방문하라. · 보복을 점검하고 배워라.

· 가능한 많은 사람들에게 공개하라.
· 반복해서 공개하라.
· 다양한 방법으로 공개하라.
· 도움을 요청하라.
· 치러야 할 대가도 함께 공개하라.

19 SWOT 분석

▶ SWOT 개념과 의미

- 정정 목표달성을 위하여, 자신이 가진 내재적인 강점(Strengths)과 약점(Weaknesses) 그리고
- 자신수 처한 외재적인 기회(Opportunities)와 위협(Threats) 요소를 도출하여,
- 정정상황에서 우선적으로 강화하야 할 전략 및 과제(tasks)를 선택하고자 하는 분석 틀(frame)

▶ SWOT 핵심 포인트 및 절차

① 정정상대를 전체로 한다(SWOT의 시각).

② 자신의 SWOT를 도출한다.

③ SWOT를 조합하여, 4상환(SO－WO－ST－WT)별 강화전략을 선정한다.

④ 4상환 강화전략 중 우선적인 전략을 정한다.

- 강점을 강화할 것인가?   • 기회를 활용할 것인가?
- 약점을 보완할 것인가?   • 위협을 제거할 것인가?

▶ SWOT 분석의 목표

- 목표달성에 있어서, 위협적 문제를 해결하기 위한,
- 우선적인 전략의 SMART한 해결과제를 결정하여,
- 실행계획을 수립하기 위함이다.

SWOT 분석 / 전략

	강점/Strengths	약점/Weaknesses
My self factors / Environmental factors	• 강점/Strengths - - -	• 약점/Weaknesses - - -
• 기회/Opportunities - - -	(SO전략) - 기회를 활용하여 - 강점을 강화하는 전략	(WO전략) - 기회를 활용하여 - 약점을 보완하는 전략
• 위협/Threats - - -	(ST전략) - 강점을 강화하여 - 위협을 제거하는 전략	(WT전략) - 약점을 보완하여 - 위협을 제거하는 전략

목표 → 위협적 문제? → 우선 전략? → 해결 과제? → 실행계획

차별화된 경쟁역량 확보

• Logic tree법
• Fish born법

• SO / WO
• ST / WT

• 긴급성
• 용이성
• 파급성

5W 1H

20 강점/약점 발견

▶ 강점/약점의 이해

- 자신의 강점과 약점, 장점과 단점이란 뛰어나고, 부족한 차원으로 이해하는 것이 아니라, 경쟁환경에서의 경쟁우위 차원에서 해석되어야 한다.

- 강점, 장점은 지속적인 경쟁우위의 창출과 유지로서 가능한 것이다.
경쟁자가 쉽게 모방, 획득하거나, 고객의 수요가 소멸, 축소되는 경우에는 강점, 장점이 될 수 없다.

- 약점은 강점에 의해서 생긴 것이다. 약점을 보완하려고 하다가, 자칫 강점을 위축시킬 수 있다.
약점을 염려하기 말고 강점에 집중하라.

- 강점, 장점이 반드시 차별화된 경쟁력이 되는 것은 아니다.
약점, 단점도 고객수요 및 시장환경의 변화에 따라 혁신적으로 결합할 경우 경쟁력이 창출된다.

▶ 강점/약점 발견을 위한 브레인스토밍(Brain storming)

- 강점/약점은 고객과 시장의 관점에서 발견, 창출, 유지하여야 한다.

- 자신만의 입장으로 강점/약점을 인식하는 것은 경쟁상황에서는 역량이 될 수 없다(실패, 좌절).

- 강점/약점, 장점/단점은 모두 경쟁자원이므로 고객지향적, 객관적인 이해와 평가가 필요하다.

- 브레인스토밍이란 다양한 의견도출을 기반으로, 최적의 안을 찾는 접근방식으로서 아이디어 도출/확장, 장의력 자극, 복합적인 해결방안 제시, 조급한 평가 최소화, 전향적인 인식과 기존 패턴 탈피 등으로, 개선과제 추진에 다양하게 활용할 수 있다(문제발견, 과제선정, 핵심역량정립, 성과평가 등).

강점/약점 발견을 위한 브레인스토밍(Brain storming)

진행자 선정
- SWOT이해력을 가진 분석력, 판단력, 객관성 및 중립성을 인정받는 진행자를 선정하여, 참여멤버들의 동의를 구함
- 주제의 구체성, 복잡성, 전문성 등에 따라 5~7명 정도 참여 권장.

토론 주제 선정
- 토론 주제(강점, 약점)를 명확히 정의하고,
- 화이트 보드 또는 플립차트 상단에 주제를 표기함.

토론요령 설명/공유
① 타인의 idea를 비판, 논쟁, 평가 불허함.
② 자발적으로 참여하고, 바보 같은 idea는 없음.
③ 개인 idea라도, 모두의 생각으로 존중함.

토론/제안/작성
- 토론 주제(강점, 약점)에 적극적 참여와 동기 부여함.
- idea 중복은 피하되, 개인입장에 따라 강점/약점이 상반될 수 있지만 허용함.
- 작성은 각자 또는 진행자가 하되, idea가 훼손되지 않는 단어를 사용함.

토론 종료
- 더 이상 새로운 idea가 없으면 잠시 휴식함.
- 휴식 후, 제시된 idea를 리뷰하고, 더 이상 idea가 없으면 토론을 종료함.

제안내용 질문 및 그룹핑
- idea에 대하여 질문하면서, 중복 유사한 idea를 주제별로 그룹핑함.
- 그룹핑하면 아이디어의 손실 가능성도 있으므로 주의해야 함.

최종정리 및 정의
- idea 수가 많은 그룹핑 중, 상위 3개를 정함.
- 필요시 멤버들의 투표로 결정할 수도 있음.
- 그룹을 대표되는 강점/약점의 단어를 정하여, 정의하고 동의를 구함.

21 성격/성향 이해

► 성격/성향 이해의 필요성

- 자기 정립: 자신에 대하여 스스로 지각하는 실체적 존재의 확인을 위하여
- 적성 파악: 어떤 일을 수행하는 데 적합한 성격 및 자질의 파악을 위하여
- 진로 설정: 직업적 비전과 사회적 활동 분야의 설정을 위하여
- 취업계획 수립: 직업적 활동을 위한 직장선택과 역량개발 계획의 수립을 위하여

► 성격/성향 이해의 방법

- 경험 및 체험, 학습, 상담, 조언 그리고 검사 등을 통하여 스스로를 성장할 수 있다.
- 자신에 대한 지각은 자신의 행동에 영향을 주는 사고의 틀을 생성시킬 수 있다.
- 자기를 이해하는 성향의 결과는 상대를 이해하는 준거 기준으로 작용할 수 있다.
- 주관적, 비이성적, 경험적 차원을 넘어 객관적, 이성적, 학습적 활동이 효과적이다.

► 성격/성향 이해의 검사도구 – 다양한 검사도구를, 활용 용도에 따라 선정하여, 그 결과를 해석한다.

- MBTI 성격검사: 성격유형 속성을 통해 선호하는 일의 환경을 설명
- Big 5 성격검사: 성격 및 심리특성과 관련된 친화적인 직업군을 설명
- DISC행동성향검사: 행동성향 속성을 통해 관계지향성과 개발방향을 조언
- 홀랜드직성검사: 성격과 연관된 직업적 흥미 및 선호직업 이해에 활용
- 직업 선호도검사: 선호하는 흥미 및 생활성향을 바탕으로 직업선택에 활용

• MBTI 성격검사

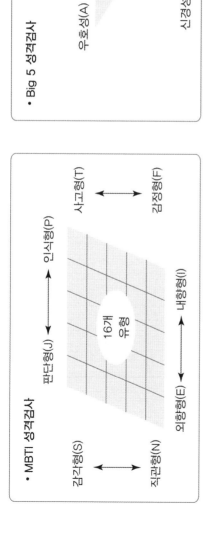

판단형(J) ← → 인식형(P)

감각형(S) ← → 직관형(N)

외향형(E) ← → 내향형(I)

사고형(T) ← → 감정형(F)

16개 유형

• 홀랜드 적성검사

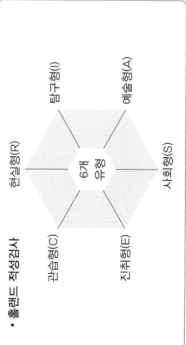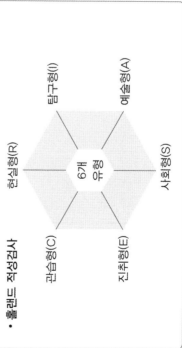

탐구형(I)

예술형(A)

현실형(R)

사회형(S)

관습형(C)

진취형(E)

6개 유형

• Big 5 성격검사

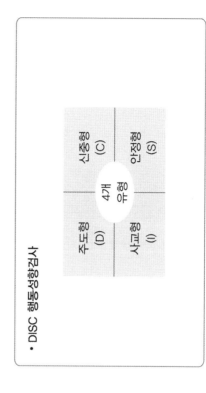

외향성(E)

성실성(C)

우호성(A)

경험 개방성(O)

신경성(N)

5개 특성

• DISC 행동성향검사

주도형(D)

신중형(C)

사교형(I)

안정형(S)

4개 유형

22 사상체질 유형 검사

▶ 사상체질의 이해

- 사상의학을 완성한 조선후기 한의학자 이제마가 설명한 개인의 천부적 체질 유형이다.
- 체질적 특징을 4가지 유형으로 구분하여 질병의 예방과 치료에 활용하였다.
- 지필검사가 아닌, 외모/체형 판단으로, 대면상황에서 유효하게 활용할 수 있다.

▶ 사상체질 유형의 성정(性情), 성향(性向)

- 태양인: 외향적 성정으로, 목표 달성적 성향이 강함.
- 소양인: 외향적 성정으로, 관계 형성적 성향이 강함.
- 태음인: 내향적 성정으로, 관계 유지적 성향이 강함.
- 소음인: 내성적 성정으로, 목표 추구적 성향이 강함.

▶ 사상체질 유형 판별 결과 활용

① 자기 및 상대 이해
② 대인관계증진
③ 커뮤니케이션 및 리더십 역량 강화
④ 취업준비과정에서 활용

- 자신의 적업 및 직무에 대한 적성 확인
- 자신의 진로 및 취업방향의 선정
- 면접관의 특성 및 선호도 예측과 대비
- 기업의 대표적 문화 특성 이해

사상체질 유형 특징

태양인

말투) 크고 강하며, 단정적이고 직선적임
체형) 머리 크고, 목이 굵고, 단단해 보임
외모) 상체 발달, 기대어 앉는 경향
성향) 충직, 저돌적, 밀어붙임, 자존심 강함
선호) 차고 담백한 음식 선호, 과음과식 경향
작성) 군인, 경찰, 영업, 제조 현장지향업무

소음인

말투) 먼저 말하지 않고, 조용, 부정적임
체형) 상체 약하고, 허리 집록하고, 마름
외모) 하체 견실, 눈웃음, 온순해 보임
성향) 내성적, 소심, 분석적, 논리적 대응
선호) 소화기능이 약해, 소식 경향
작성) 교사, 판사, 경리, 연구 분석지향업무

사상체질

소양인

말투) 말이 많고, 참견하며, 긍정적임
체형) 가슴 발달, 다리가 약하고, 마름
외모) 하체 짧음, 빠르게 걷고, 귀여움
성향) 급정, 활발, 적극적 추진, 마무리 부족
선호) 시원한 냉수, 찬 음식 선호
작성) 연예인, 가수, 홍보, 서비스 대인지향업무

태음인

말투) 겸손하게, 불분명, 암시적임
체형) 허리 강함, 골격형, 살찜
외모) 손발이 큰 편, 배가 나옴
성향) 인내심 강함, 마무리 정리 잘함
선호) 대식가 많음, 폭음폭식 경향
작성) 시인, 예술가, 총무, 안전 관리지향업무

23 사상체질 유형 간이TEST

1) 나의 평소 스타일은 어디에 가까운가?
가. 처음 일을 벌이는데 끝이 깔끔하지 못하다.
나. 폭발적으로 앞으로 강하게 밀어 붙인다.
다. 보통 속도지만 생각을 해보는 편이다.
라. 좀 느리게 행동하며 관망하는 편이다.

2) 내가 가장 많이 느끼는 것은?
가. 시작이 크나 완성을 못해 타인에게 미안해한다.
나. 일단 저질러 놓고 나서 나중에 생각한다.
다. 완벽주의, 강박관념에 시달리니 불안하다.
라. 언제나 오직 마음뿐이다.

3) 나의 성격은
가. 화끈한 편이나 말이 먼저 앞선다.
나. 때로 약간은 교만하며, 카리스마가 있는 것 같다.
다. 냉정하여 남들이 재미없다고 한다.
라. 지난 일에 집착하며 연민이 많다.

4) 나는 누구인가?
가. 재미있게 인생을 꾸미고 즐기는 사람이다.
나. 무엇을 남기려고 하며 흘로 우뚝 서고 싶다.
다. 가슴에 걸린 무언가를 풀기 위해서 존재한다.
라. 이 세상에 사랑을 전파하기 위해서 온 사람이다.

5) 노래방에 가면 어떤가?
가. 먼저 노래하며 빠른 것을 선호한다.
나. 웅장한 노래를 선호하며 멋있게 보이고 싶다.
다. 때로 분위기가 있는 노래를 찾는다.
라. 남들이 부르지 않는 노래를 찾는다.

6) 나의 일처리 방식은
가. 솔직담백하고 인자하고 창의적이다.
나. 매사에 결단이 없고 통쾌하게 처리한다.
다. 정교하며 빈틈없이 일을 처리한다.
라. 마무리를 잘하고 인내심이 강하다.

7) 나의 행동은 대체로

　가. 늘 미래에 대한 희망으로 밀어붙인다.
　나. 적극적이며 공격성향이 강하다.
　다. 잘못되었을 때를 생각하며 방어적이다.
　라. 안정을 유지하기를 좋아하며 최후에 변화한다.

8) 내가 느끼는 것 중 가장 가까운 것은?

　가. 자랑하기를 좋아하며 튀는 경향이 있다.
　나. 속도가 빠르며 경쟁적인 면이 있다.
　다. 편안한 것을 좋아하며 온순하다.
　라. 전통적인 성향이 강하며 일단 받아들인다.

9) 내가 느끼는 단점?

　가. 지는 것은 죽어도 싫고 울분을 못 참는다.
　나. 때론 독선적이어서 주위와 화합하지 못한다.
　다. 남에게 피해 주기도 싫고, 도움을 받기도 싫다.
　라. 한 번 화나면 고집불통이고 속을 드러내지 않는다.

10) 내가 느끼는 장점?

　가. 판단이 빠르고 재치가 있다.
　나. 진취적이고 강한 면을 보인다.
　다. 총명하며 잇사람에 대한 예의가 바르다.
　라. 집념과 끈기가 대단히 강한 편이다.

사상체질 개인 성향 집계표

(*간이 TEST 결과를 아래 표에 작성해 보세요)

선택 항목	가	나	다	라	합계
문항의 항목 수					10
항목별 구성비율					100%
유형	태양인	소양인	소음인	태음인	–

- 구성비율이 40% 이상인 유형은? – 우세한 대표 유형임.
- 가장 높은 구성비율의 유형은?
- 가장 낮은 구성비율의 유형은?
- 구성비율이 모두 20% 전후로 유사한가!? – 재검증 또는 재정립 필요함.

24 진로시간전망

▶ **진로시간전망의 개념 및 의미** – 긍정적인 진로선택, 낙관적인 미래설계와 목표설정에 대한 의식 강화를 지원한다.

- 진로시간전망(Career Time Perspective)은 과거, 현재, 미래에 대한 자신의 인식상태를 말한다.
- 과거, 현재, 미래 차원의 세 가지 원을 통해, 자신에게 지배하는 시간전망을 확인하는 검사이다.

▶ **시간전망 스타일의 경향성**

- 과거의 감정에 조점을 둔 경우, '미래는 과거의 연속이다'라는 인식상태로서,
  과거의 제약요소 제거에 집중하며, 당장의 불안해결을 위해 목표를 설정하는 경향이 많다.
- 현재의 감정에 조점을 둔 경우, '지금이 인생이다'라는 인식상태로서,
  직면한 문제, 긴급한 과제에 집중하며, 단기적 과제해결을 위해 목표를 설정하는 경향이 많다.
- 미래의 감정에 조점을 둔 경우, '현재는 미래의 시작이다'라는 인식상태로서,
  경험을 바탕으로 미래 대비에 집중하며, 미래 준비를 위해 목표를 설정하는 경향이 많다.

▶ **시간전망 검사방법 및 순서**

① 내 마음 속으로 느끼는 과거, 현재, 미래를 의미하는 원 3개를 순서대로 그린다.
  - 과거의 기억, 추억, 경험을 표현하는 원,   • 현재의 상황, 위상, 수준을 표현하는 원
  - 미래의 활동, 기대, 희망을 표현하는 원

② 원의 크기, 위치, 간격은 그 시점에 대한 지금의 느낌으로 그린다.

③ 각 시간별 원의 그림 모습(像)을 보면서, 자신의 심정적 배경, 이유, 경험 등을 생각해 본다.

대표적 유형	유형 해석
	과거, 현재, 미래 각각의 시간 차원이 고립되어 있는 상태로서, 미래를 향상시키기 위하여 어떤 시도를 하지 않는 경향이 강하다는 의미.
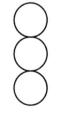	과거, 현재, 미래 각각의 차원이 연결되어 있는 상태로서, 시간인식이 개별적, 독립적으로 시간 상호간 영향을 미치지 않는다는 의미.
	과거가 현재에, 현재가 미래에 영향을 미치는 상태로서, 현재 상태에서 미래에 대한 예측과 전망을 하고 있다는 의미.
	과거, 현재, 미래의 시간적 관념이 통합되어 있는 상태로서, 현재 상태에서 과거를 기억하고, 미래를 예측하는 인식을 하고 있다는 의미.

- 원의 크기는 과거, 현재, 미래에 대한 상대적 친밀감, 편안함을 의미.
- 원의 배열은 과거, 현재, 미래 간의 연계성, 관련성을 의미.

CHAPTER 04 역량개발

25 역량의 이해

▶ 역량의 의미

- 역량은 개인의 업무와 성과에 영향을 주는, 개발 가능한, 지식(K), 기술(S), 태도(A)의 집합체이다.
- 능력과 역량은 유사하여 혼용되지만, 개념적 차이가 분명하다.
  - 능력(能力, ability): 할 수 있는(can do) 저장된 힘으로서, 잠재된 가능성의 개념
  - 역량(力量, competency): 잘 하는(will do) 행동적 힘으로서, 발현된 성과의 개념

• 지식이 없으면, 이해할 수 없다.	• 기술이 없으면, 문제를 해결할 수 없다.
• 태도가 적절치 못하면, 완성이 어렵다.	• 적성이 없으면, 재미가 없다.
• 인성이 적절치 못하면, 관심이 없다.	• 행동이 없으면, 성과가 없다.

- (기업)채용의 입장에서는 역량지원의 힘의 정경 정도(competitive)를 평가한다(핵심역량).
- (학생)취업의 입장에서는 능력지원의 힘의 저장 정도(capacity)를 어필한다(스펙쌓기).

▶ 역량의 조화

- 개인의 역량 : 개인의 경쟁력으로서 지식, 스킬, 태도의 조화로서 발휘된다.
- 조직의 역량 : 조직의 경쟁력으로서 (경쟁우위)제품, 해심역량, 고객(시장)의 조화로서 발휘된다.
- 취업역량은 지원자격, 직무수행, 조직적응에 요구하는 기대사항이다.
  - 지원역량: 입사지원에서 요구하는 자격수준(학력, 전공, 학점, 어학)
  - 직무역량: 직무활동에서 기대되는 수행역량(기획력, 노력력, 창의력, 분석력, 설득력, 주진력)
  - 조직역량: 조직활동에서 기대되는 적응역량(친화, 팀워크, 배려, 상호존중, 솔선수범, 정직)

취업 역량의 구조

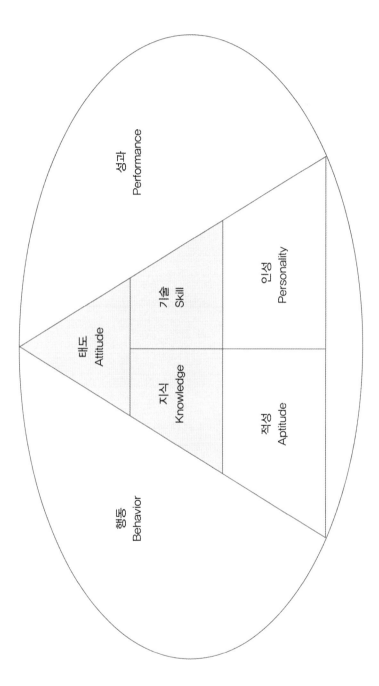

- 지식 : 모집분야(직무) 관련 전공, 자격, 어학 등의 학습 내용
- 기술 : 직무(수행)과제 관련 해결 방법과 요령의 활용 정도
- 태도 : 지식과 스킬을 성과로 이어주는 사고와 행동

차별화전략스킬

26 핵심역량

▶ 핵심역량(core competency)이 차별화의 원천이다.

- 경쟁자에 비해 우월한 능력으로, 단순히 잘하는 능력을 의미하지 않는다.
- 뛰어난 것보다 고객이 중시하는 것을 잘하는 것이다. 이것이 제1핵심이다.
- 우수한 성과를 보이는 분야의 전문적인 역량이다.
- 차별화 전략을 달성하기 위한 잠재역량이다.

▶ 핵심역량의 조건(GROW)

① 경쟁자보다 차별적 우위(Great)가 있어야 한다.
② 가치창조에 기여(Right)할 수 있어야 한다.
③ 경쟁자가 모방할 수 없는 희소성(Only)이 있어야 한다.
④ 다른 분야/영역으로의 확장 가능성(Widely)이 있어야 한다.

▶ 취업 경쟁력으로서의 핵심역량 확보방향

- 스펙의 高異多單(높고, 특이, 많고, 화려)만으로는 경쟁우위 확보가 쉽지 않다.
- 핵심역량의 조건을 충족하려면 J-O-B분석이 선행되어야 한다.
  • 매력과 호감을 전달할 수 있는가?
  • 직무수행력, 조직적응력이 어필될 것인가?
  • 우대사항을 보유하였는가?
  • 잠재역량을 제시하는가?

취업경쟁력으로서의 핵심역량 확보 방향(GROW)

- 나만의 매력과 호감 포인트?

  – 스토리 PCRS
  – 작성 서류 내용
  – 사진 이미지

- 우대사항 포인트?

  – 우대사항의 충분조건
  – 高業多華로만으로는 우대받지 못함

- 직무/조직역량 포인트?

  – 직무분석
  – 조직문화분석
  – 채용공고분석

- 잠재력 포인트?

  – 근무지역 제한
  – 4S 확보 스펙
  – 입사 후 포부

(핵심역량 / 가치 창조 (Right) / 확장 가능성 (Widely) / 차별적 우위 (Great) / 희소성 (Only))

차별화전략스킬

59

27 스펙의 4S 요건

▶ 경쟁력 있는 스펙

- 경쟁력은 3C 영역의 요건을 전제로 한다.
  - 고객가치(Customer value)
  - 경쟁우위역량(Competitive advantage)
  - 경쟁자(Competitor)
- 경쟁력 있는 스펙(경쟁우위역량)은 고객의 기업분석에 기준하여야 한다.
- 충분한 스펙이라기보다는 4S차원의 필요한 스펙이 경쟁력을 발휘한다(최소한 1S라도 확보되어야 한다).

▶ 스펙의 4S차원

① 전략적(Strategic): 취업목표에 따라 시작, 중간, 결과가 한 방향이 되도록 한다.
② 전문적(Special): 지원직무수행에 필요한 내용이 되도록 한다.
③ 구조적(Structural): 개발의 과정과 결과가 단계적으로 심화되도록 한다.
④ 체계적(Systematic): 개발의 결과를 바탕으로 순환적으로 확장되도록 한다.

▶ 역량(스펙) 개발의 방향

① 지원직무결정과 직무 요구 KSA의 파악을 먼저 하라.
② 현재의 보유수준에 기준하여 확장과 심화의 방향을 설정하라.
③ 용잔경지(容短經知)(쉽고, 짧고, 해봤던, 아는)한 것부터 step by step으로 강화하라(strategy goal).
④ 영어(토익)점수, 자격취득, 인턴(실습)이 기본적 필수역량이 아님을 명심하라.
⑤ 필수역량은 지원 직무와 기업에 따라 다르므로 비중을 두는 역량(KSA)을 확인하라.

4S metrics 평가 (해외영업직무의 경우)

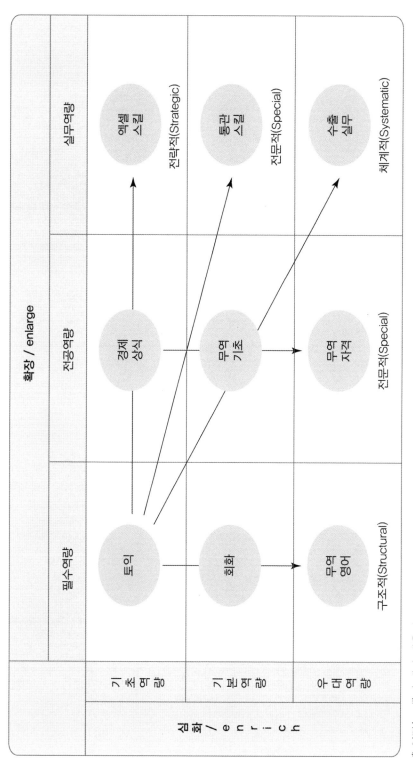

* 역량(스펙)의 개발 내용과 그 과정에서 빙고게임을 즐기자.

28 신문읽기의 활용

▶ 경영 역량의 필수, 신문읽기

- 기업 취업의 기본적 스펙은 비즈니스역량으로, 광범위하게 경쟁력을 발휘하고 있는 것이 비즈니스 시사정보이다.
- 비즈니스 역량은 경제신문 읽기로서 강화되고, TASET과 같은 인증시험으로 보여줄 수 있다.
- 기업의 경영자들이 매일 읽고 있는 경제신문은 취업경쟁력을 발휘하는 도구가 된다.
- 비즈니스 어휘로서 답변의 어두가 시작되는 순간, 편집관의 관심과 집중은 배가된다.

▶ 취업관점에서의 경제신문 읽기 요령

① 전체의 큰 타이틀을 먼저 스캔한 후, 지면별 작은 타이틀을 보고, 읽고 싶은 기사를 정한다.

② 1면 종합기사와 자신이 선정한 지정지면을 우선적으로 읽는다.

③ 지정지면은 개인적 관심에 따라 정하되, 산업/기업, 경제/금융을 포함하도록 권장한다.

④ 기사를 읽는 중에는 용어, 단어, 수치에 연연하지 말고, 일단 읽고 난 후에 필요한 것만 정리한다.

⑤ 기사를 읽고 난 후, 자신의 의견을 정리해 본다.

- 자극적인 타이틀, 정치사회 타이틀에 현혹되지 말라.
- 스크랩북을 3권(관심업종기업, 취업채용, 용어교양) 정도로 분리하는 것이 효과적이다.
- 오려낸 스크랩의 핵심내용은 포스트잇을 활용, 요약하여 부착한다.
- 전체 기사를 훑어보고, 읽기 집중을 위하여, 종이신문 읽기를 권장한다.

경제지식사원식의 경쟁력 발휘 영역

진로 탐색

자기탐색 / 직무탐색

- 직업적 비전 정립
- 경제신업 흐름 이해
- 시각/관점의 확장

취업목표설정

지원직무 결정 / 기업문화 분석 / 지원기업 결정

- 산업, 업종, 직종 동향 파악
- 기업의 전략 및 문화 파악
- 채용정보 및 동향 파악

역량 개발

지원역량 / 직무역량 / 조직역량

- 경제, 경영 상식 증진
- 비즈니스 용어 이해
- 직무 이해도 증진
- 학습동아리 활동 참여

서류작성

이력서 / 자소서

- 글쓰기 능력 함양
- 자소서 스토리로 활용
  - –지원동기
  - –대학생활
  - –입사 후 포부

시험 전형

인적성 / 필기

- 상식시험 대비학습
  - –한경테셋
  - –매경test
  - –금융사 필기
  - –졸업인증

면접 진행

실무면접 (1차) / 인성면접 (2차) / PT면접

- 차별화된 면접답변
  - –기업지향 용어 활용
  - –실무적 시각 어필
  - –융합적 시각 어필
- 문서작성스킬
  - –두괄식 요령
  - –헤드카피 요령
  - –그림, 표 디자인

29 첫인상

▶ 첫인상의 의미

– 처음 보았을 때 느끼는 순간의 감정이다.

– 상대가 결정한 소리 없는 감정이다.

– 부정적인 요소에 더 영향을 받는 감정이다.

– 꽤 오랫동안 남아 유지되는 감정이다.

– 상대에게 신뢰감, 자신감, 친근감을 주는 동기이다.

– 순간의 정보가 그 이후의 정보 해석 기준이 된다.

– 첫인상을 다시 만들 수 있는 기회는 없다.

– 긍정적 외모는 상대의 방어, 긴장 심리를 완화시켜 준다.

▶ 취업과정에서 매력적인 첫인상

– 첫인상은 순간에, 일부분의 단면으로, 일시적인 행동으로, 상대가 정하는 것이다.

– 기업의 조직문화속에서 면접관의 사상체질분석으로 선호하는 스타일을 예측할 수 있다.

– 자신이 할 수 있는 유일한 최고의 노력은 준비와 집중이다.

• 만남의 준비과정에서 간절함과 열정을 보여라.

• 직무 및 조직 친화력 외모를 찾아라.

• 네크타이과 손발톱에 의존하지 마라.

• 상대를 이해하는 선행적 노력을 하라.

• 금기 사항에 특별히 주의하라.

• 집중하고, 끝까지 노력하라.

첫인상이 결정되는 포인트

신뢰감, 자신감, 친근감

나

기업 방문 시

- 약속 확인 전화
- 통화 늦게 끊기
- 10분 전 도착
- 자기 명함 제시
- 상대 명함 받기
- 질문 LIST
- 필기구 소지
- 경청 자세
- 적극적 질문 자세
- 방문 후 감사인사

서류 제출 시

- Biz.스타일 사진
- arranged 이력서
- legible 자소서
- 제일 먼저 제출
  (중소기업)

면접관

면접 시

- 30분 전 도착
- Biz.복장, 헤어스타일
- 복장 색상 이미
- 익숙한 하이힐(女)
- 상징 브로치(女)
- 포켓 펜(男)
- 포켓 메모지
- 이마 높이 시선
- 곧은 허리 자세
- 경청 자세
- 분명한 말꼬리
- Yes And/But 화법
- 준비된 자기소개멘트

30 자기 브랜드

▶ 자기 브랜드를 만드는 이유

- 치열해지는 경쟁상황에서 자신을 홍보하는 것은 생존의 본질이다.

- 브랜드는 다른 사람과 구분하여, 자신의 역량을 알리는 주도적인 이미지, 호칭, 명성이다.

- 자신을 알리는 것은 자기 정체성에 대한 신뢰를 전달하는 것으로 여지가 없어야 한다.

- 자기 정체성은 인생의 목표이고 비전인 것으로, '이렇게 살겠다'는 자기 선언인 것이다.

- 자신이 만든 브랜드이지만, 상대가 승인하여야 효력이 발생된다. 그러므로 홍보가 필요하다.

▶ 브랜드 구축 요소와 방법

- 자기 브랜드는 내재적 특징적 요소가 외재적 특징적 요소로 가시화되어야 한다.

  • 내재적 특징적 요소: 자신이 인정하는 특별한 지식, 장점, 특기 등의 역량

  • 외재적 특징적 요소: 상대가 신뢰하는 특별한 사실, 근거, 실적 등의 성과

- 브랜드는 자신이 보유한 지식, 감성, 능력이 고객으로부터 승인받아 형성된다.

- 브랜드는 자기 대표성, 고객 지향성, 강화 일관성으로 효력이 발생된다.

  • 자기 대표성: 핵심역량이 경쟁력을 발휘하고, 차별화의 원천인 것이다.

  • 고객 지향성: 지지하는 고객의 만족에 중심히 집중하는 노력으로 또 다른 홍보를 이끈다.

  • 강화 일관성: 자신의 역량과 성과를 일관되게 강화하고, 꾸준한 홍보가 필요하다.

- 브랜드는 쉽고, 단정하고, 단순하지만, 포괄적인 naming으로, 스스로 광고되어야 한다.

성공취업을 위한 자기 브랜드 만들기

직업적 비전을 정립한 후

성격 / 적성 / 흥미 / 가치

지식 자산

• 전공 학습
- 지식, 교육
- 경력, 경험 등

• 증명서류
- 자격증, 면허증
- 증명서
- 이수증 등

감성 자산

• 인간적 매력 찾기
- 나눔, 배려, 친절
- 열정, 민감, 유연 등

• 매력 나눔 활동
- 자원봉사이력
- 자선행사경험
- 이벤트 등

능력 자산

• 우수 특기 찾기
- 글, 그림, 만화
- 악기, 노래
- 운동, 게임 등

• 경진대회 참석
- 공모전, 발표회
- 경진대회
- 세미나, 학회 등

고객 자산

• 자기명함 주기
- 교수, 교직원
- 동아리 동료
- SNS 활동

• 고객명함 받기
- 전시회, 박람회
- 채용설명회
- SNS 팔로워 등

일관되게 시도하는 과정

personal
BRAND
keyword

반복하여 보여주는 과정

차별화진략스킬

31 비전 명함

▶ 비전 명함이 필요한 이유

- 명함은 처음 만나는 사람과 상호인사, 대화시작, 관계증진, 기억유지의 자연스러운 도구이다.
- 비즈니스에서 명함은 얼굴과 같은 필수품이며, 취업을 준비하는 학생도 비즈니스맨이다.
- 면접의 자리에서 명함을 전하는 자신과, 명함을 받는 면접관의 모습을 상상해 보라.
- 명함은 자기소개, 감동인상, 자기홍보, 열정강화, 취업기회포착 등을 가능하게 한다.
- 명함제작 과정에서 비전정립, 목표설정, 역량강화, 자기브랜드창출 등을 강화하게 된다.
- 명함의 제작과 활용 정법은 매력적인 스토리텔링 만들어 준다.

▶ 명함 에티켓

- 자신을 기억하게 하는 최초이자, 최후의 기회는 명함을 줄 때다. 강한 인상과 지혜가 필요하다.

(명함 전달)

• 상대보다 먼저, 오른손으로, 보기 쉽게, 상대의 방향으로 내민다.

• 자신의 소속, 이름을 말하면서 인사와 함께 전달한다.

• 대면 전에 미리 준비하여야 하고, 손상된 명함을 전달해서는 절대 안 된다.

(명함 받기)

• 받은 명함을 잠시 확인하면서, 명함내용에 대한 간단한 질문으로 대화 소재를 만든다.

• 받은 명함을 자신의 앞에 두고 대화를 하면, 상대의 이름, 직함에 대한 실수가 방지된다.

• 상대의 앞에서 명함에 메모를 해서는 절대 안 된다.

한국대학교

홍 길 동
Gil dong Hong

한국대학교 한국어학과
(2023년 2월 졸업예정)

HP) 010-XXXX-XXXX
e-mail) XXX@naver.com

- **자신이 도전하는 직무(Challenge Job)를 적어라.**
  예 : 자동차선입 / 해외영업 / 구매조달 분야 관심

- **자신이 보유한 핵심역량(Core Competence)을 적어라.**
  예 : 영어회화/무역사관학교과정 이수 / 경제시사상식인증

- **자신의 정체성(professional vision) 표현 문장을 적어라.**
  예 : 비즈니스 현장에서 고객감동을 실현하려는 열정의 챔피언입니다.

32 멘토 찾기

▲ 멘토의 의미와 효과

- 멘토(Mentor)는 지혜(지식 + 경험 + 열정)가 있어 신뢰할 수 있는 선배, 스승이라 할 수 있다.
- 자신에서 멘토가 있다는 것은 현명한 의사결정과 행복한 인생을 보장받는 것과 같다.
- 훌륭한 멘토를 찾고, 만나고, 유지하기가 쉽지는 않다. 이것은 많은 노력을 해야 한다는 것이다.
- 멘티(mentee)의 자세와 역할도 중요하다. 자신의 약점, 단점을 오픈하는 솔직함이 있어야 한다.

▲ 성공취업의 멘토

- 자신의 주변에 성공취업을 돕는 멘토는 "찾지 않아, 보이지 않는 것이다."

  - 채용설명회 진행 현직 실무자
  - 취업하려 현지에 근무중인 선배 및 지인
  - 기업 경력이 있는 지인 전문가(HR경력자는 더 효과적임)
  - 취업도서 저자, 취업기사 연재자 및 기자

  - 전시회, 박람회 진행 현직 실무자
  - 취업 강좌를 하고 있는 전문 컨설턴트
  - 학업 단계가 앞선 대학원 선배 및 지인

▲ 멘티의 자세와 역할

① 개방적 자세: 자신의 고민, 에로 그리고 단점과 약점 그리고 강점을 솔직히 노출해야 한다.
② 진솔한 자세: 진정하게 멘토로부터 배우고 조언을 따르겠다는 겸손과 열정이 있어야 한다.
③ 적극적 노력: 멘토의 도움을 용이한 것이 아니다. 멘티의 적극성은 멘토의 적극성을 이끈다.

멘토 찾아 다지기 요령과 절차

멘토링 영역 결정
- 멘토에게 지원, 조언 받고 싶은 내용, 주제, 이슈를 결정한다.

주변 멘토그룹 파악
- 주변에 자신의 계획과 희망을 알리고 추천을 받는다.

멘토 역량 확인
- 전문성: 관심분야에 대한 활동 이력을 찾아본다.
- 접근성: 만나고, 말하고, 듣고 할 수 있는 거리를 확인한다(SNS포함).
- 친화성: 멘티 입장 이해 정도, 지인 정도를 확인한다.
- 경제성: 멘토링 비용이 필요한지 확인한다.

멘토 후보 검증
- 주변에 후보군들을 설명하고 사회적 평판을 확인한다.

멘토링 내용정리
- 고민/도움사항, 자신의 시간 여건 등을 종합적으로 먼저 정리한다.

멘토에게 접근
- 직접 전화 및 방문, 지인에게 소개요청, 메일링 및 전화한다.

멘토 만남
- 초기는 직접 만나고, 멘토링 관계와 라포형성을 한다.

멘토링 리뷰
- 초기 멘토링 내용을 리뷰하여 지속가능성을 평가한다.

멘토링 유지관리
- 멘티의 자세와 행동도 멘토링 성과에 중요하다.

33 기업분석

▶ 기업분석의 필요성

- 기업분석은 기업의 특성을 분석하는 것으로, 성공취업을 위한 기본적인 과제이다.
- 취업 및 입사지원 준비 방향 및 역량개발 과제를 선정하기 위함이다.
- 매력적인 서류작성, 면접전형에서 차별화된 글, 말, 행동의 이미지 표현을 강화하기 위함이다.
- 기업분석 없는 취업전형은 좋을 없는 총을 들고 전쟁터에 가는 격이다.
- 기업분석은 맹목경이 아닌 현미경으로 하여야 경쟁전략을 세울 수 있다.
- 입사 후 충도 및 조기퇴직의 유후을 줄여주고, 직무수행역량과 조직적응역량을 강화시켜준다.

▶ 기업분석의 항목

- 기업분석은 J-O-B 3가지 요소를 분석하여, 서류전형 및 면접전형에서 차별화 확보를 위함이다.
  • 직무(Job) 분석: 직무내용(과업&동작) 및 목적(역할&책임)과 직무수행 필요역량 확인
  • 조직문화(Organizational culture) 분석: 일하는 방식, 가치, 태도와 조직적응역량 확인
  • 채용공고(opening Board) 분석: 모집내용, 채용목적 및 의도 확인

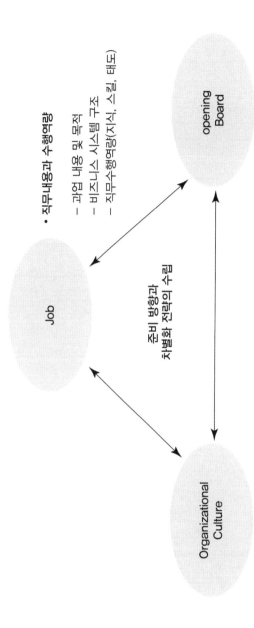

• 직무내용과 수행역량

　– 과업 내용 및 목적
　– 비즈니스 시스템 구조
　– 직무수행역량(지식, 스킬, 태도)

opening
Board

• 채용 목적과 의도

　– 이전 공고내용과의 비교
　– 이전 내용의 변경사항
　– 모집분야 세분 내용
　– 지원자격 및 우대사항
　– 지원서류 및 면접 포인트

Job

준비 방향과
차별화 전략의 수립

Organizational
Culture

• 일하는 방식, 가치, 태도 지향성

　– 인재상, 핵심가치
　– 경영전략, 방침
　– 조직구조, 업무분장
　– 인사제도, 관리기준
　– 기술 및 업무 스킬
　– 교육내용
　– 리더십

34 직무의 이해

▶ 직무의 개념

- 직무는 일의 완수를 위한 일련의 동작(action)으로 구성된 과업(Task)들의 합(合)이다.
- 직무는 업종, 직종, 기업에 따라 내용 및 특성의 차이가 존재한다.
- 직무의 내용은 사업 및 조직 심지어 리더십스타일의 특성에 따라, 그 범위와 정도가 정해진다.
- 동일한 직무일이라도 기업의 업종, 규모, 조직 나아가 고객의 특성에 따라 차이가 존재할 수 있다.
- 동일한 직무라도 채용시점마다, 기대하는 자질과 역량 내용을 달리할 수 있다.

▶ 직무의 체계

- 직무는 그 확장 범위에 따라 일반적으로 아래와 같이 구분하고 있다.

  • 업종: 직업적 비전의 영역으로, 제조업, 유통업, 무역업, 금융업, 건축업 등으로 구분

  • 직종: 직무의 영역으로, 제조업의 경우 전기, 전자, 기계, 화학, 반도체, 식품 등으로 구분

  • 직군: 전공, 적성, 역량과 가장 밀접한 영역으로, 제조업의 경우 개발, 생산, 영업, 관리로 구분

  • 직렬: 기업에서 채용 및 임사 정로의 영역으로, 관리직군의 경우 인사, 재무, 총무 등으로 전개

  • 직무: 임사 후 배치되는 부서의 영역으로, 인사직렬의 경우 인사, 교육, 노무 등으로 전개

  • 과업: 업무의 관리단위인 직무의 구성요소로서, 인사직무의 경우 채용, 보상, 평가 등으로 전개

  • 동작: 과업의 완성을 위하여 전개되는 행위로서, 채용과업의 경우 모집, 선발, 면접 등으로 전개

과업 Task	직무 Job	직렬 Job series	직군 Job family	직종 Job type	업종/산업 Industry	사업 Business
	• 구동장치개발	• 개발직	• 개발직군	• 기술직종	• 농업, 어업	• 물적 HW사업
	• 조향부품설계	• 설계직			• 광업	
	• 캐릭터디자인	• 디자인직	• 생산직군	• 현장직종	• 제조업	• 인적 SW사업
					• IT업	
	• PC조립	• 생산관리직	• 영업직군	• 사무직종	• 통신업	• 정보 IT사업
	• 기계수리	• 구매조달직			• 전기전자업	
	• 시험, 측정	• 생산기술직	• 관리직군	• 관리직종	• 반도체업	
	• 대기오염관리	• 품질관리직			• 가스수도업	
		• 안전보건직			• 건설업	
	• 화장품판매				• 도·소매업	
	• 운송배달	• 국내영업직			• 금융보험업	
	• 선적수송	• 해외영업직			• 서비스업	
	• 외환관리	• 무역직			• 숙박업	
	• 광고편축	• 마케팅직			• 음식업	
	• 여행상품개발	• 고객서비스직			• 부동산업	
					• 운수업	
	• 컨설팅	• 전략기획직			• 출판업	
	• 채용선발	• 인사관리직			• 방송통신업	
	• 원가분석	• 재무관리직				
	• 회계, 재무	• 홍보직				
	• 홍보, 총무	• 법무직				

35 직무의 내용

▶ 직무의 구성

- 직무는 하는 일의 내용과 그 일의 목적으로 구성되어 있다.
- 일의 내용은 과업(task)과 동작(action)으로 설명한다.
- 일의 목적은 역할(role)과 책임(responsibility)을 부여한다.
  - 역할이란 과업의 완성으로 일의 과업 내용을 수행하는 것이며,
  - 책임이란 후행 과업의 원활한 흐름이다.

▶ 직무의 내용분석 절차

직무의 내용을 설명하는 자료에 기초하여 아래와 같이 정리하여 이해할 수 있다.

① 직무의 내용을 전체적으로 리뷰하면서 명사형 단어, 용어를 확인한다.

② 명사형 단어, 용어에서 과업 및 동작을 분류한다.

③ 그에 연계되는 역할과 책임을 분류하여, 하루 전개한다.

④ 하루 전개한 각 과업 및 동작에 필요한 KSA를 도출한다.

⑤ 하루 전개한 각 역할 및 책임에 필요한 KSA를 도출한다.

직무의 내용분석 예시 (물류직무)

내용(과업&동작)		목적(역할&책임)	
과업&동작	필요KSA	역할 & 책임	필요KSA
① 적정재고를 수립하여 스케줄링을 통한	• 일정수립 스킬	① 적정생산을 유도하고	• 커뮤니케이션 스킬
② 장기성 재고 및 불용 재고를 방지함으로써	• 재고정리 스킬 • 적극적 자세	② 재고 가용성을 유지하며	
③ 생산계획 수량을 분석하여, 자재(원재료, 부품, 유무상사급품, 임가공품을 적기/적량 공급하여	• 자재부속명칭	③ 자재 전체를 실적 관리한다.	• 엑셀 스킬 • 실적집계 스킬
④ 납기내 제품 인도와 그 활동으로서	• 납기관리 스킬 • 책임감	④ 고객의 생산라인 가동에 문제가 없도록, 고객의 요구에 적시 대응	• 생산프로세스 • 고객이해능력
⑤ 원활한 운송 활동등을 위한 관련부서 및 협력업체 등과의 협상을 통해	• 협상 스킬 • PPT작성 스킬	⑤ 물류 운영 및 혁신을 위한 유연성 강화와	• 문제해결 스킬 • 기획력
⑥ 적정재고의 관리, 자재의 적기/적량관리를 통하여	• 재고정리 스킬	⑥ 납기 내 제품 인도와 생산가동을 지원하며	• 물류, 배송요령 운반기기운전
⑦ 사내·외 고객의 요구에 발 빠르게 대응하여	• 정보관리력	⑦ 고객만족을 달성한다.	• 고객마인드

차별화된 인적스킬

36 직무의 탐색

▶ 직무탐색의 의미

– 직무탐색이란 과업의 내용, 역할, 책임을 확인, 분류하는 것으로 직업 탐색과는 다른 개념이다.
- 직업(職業)은 생활 영위와 수입을 위해, 특정 일(work)에 지속적으로 종사하는 사회적 활동이다.
- 직업 탐색이란 "사회적 위상과 그 분야(field)"를 확인하는 것이다.

▶ 직무탐색의 방법

– 읽고 외우고, 시험 보는 것이 아니라, 이해하고 정립하는 것이다.
– 공부하듯이 계획을 수립하여, 실행하며, 진도를 관리(PDCA)하여야 한다.
– 기업 및 조직 선택에 앞서서, 가장 우선적으로 하여야 한다.
– 탐색의 과정과 결과가 자기소개서의 스토리이고, 차별화된 열정을 설명하는 훈석이 된다.
– 직접적·간접적·참여적·탐색적 방법으로 종합적으로 추진되어야 한다.
– Biz. Sys.분석을 통해 전반, 주방·직무와의 관계 이해가 보다 정확한 직무 이해를 가능하게 한다.

▶ 직무탐색의 결과

– 나는 이런 일을 하고 싶었고(Want), 그래서 이런 학습과 경험을 했고(Prepare), 임사 후에 이런 일을 통해(Will), 이런 성과(Performance)를 내겠다는 소신을 가질 수 있다.
– 취업성공을 위해서는 직무수행 적합자(right people)로서의 역할과 능력을 제시하여야 하므로, 수행 직무의 내용과 기대수준을 탐색해야 한다.

직무탐색 방법

간접적 방법

참여적 방법

- 현장 멘토 조언
- 선배 조언
- 전문가 조언
- 특강 참가

- 인터넷 자료 탐색
- 기업 홈페이지 탐색
- 사업보고서 탐색
- 전문서적 탐색

종합

탐색적 방법

- 인턴 참여
- 현장실습 참여
- 아르바이트 활동
- 봉사 활동

- 전시회 방문
- 박람회 방문
- 홍보관 견학
- 채용설명회 참석

직접적 방법

37 직무의 결정

▶ 직무결정의 필요성

- 직무탐색의 결과로서, 자신의 진로와 직업 비전을 만들어 준다.
- 직무적 성과 개인특성이 일치는 성공취업이 핵심이다.
- 직무결정은 자기자신의 정립에서부터 시작하는 것이다.
- 취업 경쟁력은 선택(모집단위)과 집중(직무역량)에서 출발한다.

▶ 선택과 집중의 올바른 이해

- 선택의 반대는 포기가 아니라, 유보(다시 검토하기 위해서 남겨둠)인 것이다. 선택 후에 상황의 변화가 발생되면, 그 선택은 변화되는 것이 자연의 생존 법칙이다.
- 선택(choice)은 우선순위를 정하는 것이다. 그 우선순위는 마지막인 것부터 정하는 역순의 방법도 있다.
- 집중(focus)은 동일한 상황에서, 일정기간 동안, 목표(과제)달성 계획의 실행에 몰입하는 것이다.
- 집중이 어려운 것은 선택의 오류(불충분, 과신, 불인정 등) 때문이다.
- 선택과 집중은 효과적인 목표를 효율적으로 달성하기 위한 방법인 것이다.
- 이제 목표의 중간평가와 목표의 환경리뷰는 선택과 집중의 구성요소이다.
- 선택한 후 집중할 것인가?, 집중한 후 선택할 것인가?

직무결정 절차

**전공영역
관심 직무 확인**
• 전공영역에서 관심, 흥미가 있는 분야(과목)는?

**업종 B/S
적성 확인**
• 업종의 대표Biz, Sys이 자신의 일 처리 style과 우호적인가?

업종 선정
• 어떤 업종분야에서의 직업적 비전을 실현하고 싶은가?

직종 선정
• 어떤 직종에서의 전문가가 될 것인가를 결정하는 단계

**직군 선정
(개발−생산−영업−관리)**
• 전공 및 역량, 적성과 가장 밀접한 직군은 어느 것인가?

직렬 선정
• 지원 목표기업의 채용 및 모집단위가 어느 것인가?

직무결정
• 입사 후 3년 동안 해보고 싶은 직무 포부는 무엇인가?

기업 선정
• 자신의 개성과 유사한 조직문화를 가진 기업은 어디인가?

38 국가직무능력표준(NCS)

▶ 국가직무능력표준(NCS : National Competency Standards) 이해

- 산업현장의 직무수행을 위해 요구되는 지식, 기술, 태도의 내용을 체계화한 표준이다.
- 직무능력을 2개 영역으로 구분하여 제시하였다.
  ① 직업기초능력: 총 10개 영역에 있어서, 직업인으로서의 갖추어야 할 공통 능력
  ② 직무수행능력: 총 1,022개 세분류 직무에 있어서, 직무수행에 필요한 지식, 기술, 태도

- NSC site에서는 직무능력과 개발방법, 평가대비요령에 대한 자료가 제공되고 있으므로, 직무내용 파악과 필요역량의 파악에 유효하게 활용할 수 있다.

- NCS를 기업체의 인사관리기준, 교육훈련기준, 자격시험기관의 훈련기준, 교육훈련기관의 출제평가기준으로 활용되고 있다.

▶ 공기업 NCS 채용 전형 내용

- 2020년 전국 340개 기관(공기업 36개, 준정부기관 95개, 기타 공공기관 209개)에서 적용하고 있는 NCS기반 채용전형 내용(서류, 필기, 면접)은 일반 기업의 채용전형과는 상당한 차이가 있으므로, 별도의 전략적 학습이 필요하다.

- NCS 필기전형의 직업기초능력 시험은 3개 영역(의사소통, 수리, 문제해결)의 비중이 높고, 직무수행능력 시험은 전공지식으로 평가하는 경향이 있다(기업별 차이 있음).

NCS site 활용 정보

NCS 국가직무능력표준 National Competency Standards

NCS통합

블라인드채용

- NCS소개
  • NCS 분류
  • NCS 구성

- 학습 모듈
  • 학습모듈검색
    (분야별/키워드)

  • 직업기초역량
    (정의/동영상)
  ① 의사소통능력
  ② 수리능력
  ③ 문제해결능력
  ④ 자기개발능력
  ⑤ 자원관리능력
  ⑥ 대인관계능력
  ⑦ 정보능력
  ⑧ 기술능력
  ⑨ 조직이해능력
  ⑩ 직업윤리

- NCS 이러닝
  • NCS 총론
  • 해법특강
  • 실전취업토크
  • 블라인드채용
  • 직업기초능력
  • 의사소통능력

- 경력개발
  • 경로찾기
  • 직무능력진단

- 자료실

- 블라인드채용
  • 채용안내
  • 채용프로세스

- 채용준비
  • 채용준비과정
  • 직무설계
  • 진로탐색과 선택
  • 역량강화
  • 취업준비

- 취업준비단계
  • 채용공고문
  • 입사지원서
  • 필기평가
  • 면접유형

- 채용정보센터
  • 채용공고
  • 직무기술서
  • 기업목록
  • 교육훈련전자정보
  • 직업정보

- 온라인 학습
  • NCS직무이러닝
  • NCS 활용방법
  • 채용준비Tip
  • 미디어자료

- 자료실
  • 채용자료
  • 채용가이드북
  • 채용우수사례
  • 평가샘플
  • 필기문항
  • 면접문항

39 비즈니스 시스템 구조

▶ 비즈니스 시스템의 개념

- 제품 및 서비스를 제공하여, 이해관계자에게 가치를 제공하는 지속적인 프로세스와 그 활동이다.
- 고객가치를 창출하는, 경쟁사 대비 차별화된 핵심역량으로, 사업 및 직무수행 프로세스이다.
- 개인 및 조직 역량이 체계적으로 발현되어, 지속적 경쟁력을 발휘하도록 편성한 직무편성 체계이다.
- 사업 성격 및 특성, 경영사상 및 방침, 경쟁전략 등에 따라 다양한 형태를 가진다.

▶ 비즈니스 시스템의 기본 구조

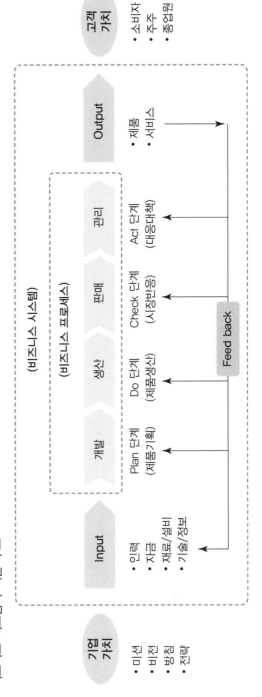

비즈니스 시스템의 업종별 대표 구조

| 제조업 | 개발 설계 | 조달 구매 | 제조 생산 | 물류 운반 | 마케팅 판매 | 서비스 관리 |

| 금융업 | 재원 확보 | 상품 개발 | 신용 평가 | 마케팅 판매 | 여신 수신 | 배당 |

| 외식업 | 사업 기획 | 업태 개발 | 물건 탐색 | 식재 구입 | 조리 판매 | 인사 교육 | 점포 운영 | 판매 촉진 |

| 엔지니어링 | 고객 수요파악 | 수주 | 사전작업 시운전 | 설치 납품 | 검수 완료 |

| 광고업 | Media 확보 | 상품 기획 | 판매 | 광고 제작 | 광고 실시 | 모니터 |

40 비즈니스 시스템 분석

▶ **비즈니스 시스템 분석 방법**

- B/S의 실제적 분석은 기업(조직) 내부의 실무자 및 전문가들이 할 수 있다.

- 취업준비를 위한 기업이해의 차원에서 제한적이지만, 부분적으로 아래 정보로서 분석 가능하다.

• 조직도 분석
• 업무분장 분석
• 직무분류표 및 직무개요 분석

▶ **비즈니스 시스템 분석 결과**

① (현상이해) 자사 및 타사의 업무 프로세스를 파악하고 특징을 이해할 수 있다.

② (사업전략) 자사 및 타사의 지향가치, 사업전략을 파악하고 강화 가능하다.

③ (핵심역량) 자사의 해심역량, 경쟁역량 및 차별화 역량을 파악하고 확보 가능하다.

④ (역량개발) 기업 및 직무에서의 필요 역량을 파악하여 준비 가능하다.

⑤ (조직적성) 자신의 사고행동스타일이 기업의 중점 프로세스와의 적합성을 확인 가능하다.

비즈니스 시스템에 기반한 직군, 직렬, 직무 분류

직군

직렬 · 직무

관리

기획	재무	HR	총무	홍보
전략투자	회계	인사	자산관리	기업PR
사업계획	자금	노무	의전	언론관리
임직원평가	심사	연수	관재	광고판촉

판매

마케팅	영업	서비스	해외	영업관리
MS전략	영업영업	설치보수	수출영업	수금
시장조사	수주영업	거래관리	고객계획	발주
상품개발	개발영업	고객관리	법인관리	채권

생산

제조	품질	안전	물류	생산관리
생산조립	품질안정	기계설비	운송계획	생산계획
부품자재	시험분석	전기공급	국내운송	현장관리
재고출하	설비안정	용수공급	해외통관	실적관리

개발

개발	설계	디자인	특허	R D관리
신제품	회로	제품D	국내	R D전략
양산품	구조	로고D	해외	시장분석
신기술	SW	D관리	정보	자원관리

41 직무 프로세스 분석

▶ 직무 프로세스 분석

- 직무 프로세스는 B/S프로세스의 하위단위인 직무수행과정을 다이어그램 형식으로 전개한 것이다.
- 실질적 수행과정을 이해해야만 작성되지만, 업무분장과 직무분류 내용으로서도 주정가능하다.
- 직무프로세스를 통해 직무수행역량(KSA)을 보다 효과적으로 이해가능하다.

▶ 직무 프로세스 요령

- 직무(Job)의 내용을 구성하는 과업(task)과 동작(work)들을 구체적으로 세분하여 정리한다.
- 프로세스 흐름이 지나치게 복잡하거나, 단순하거지 않도록 과업 및 동작의 단위를 조정한다.
- 단위 동작의 시작, 조정, 통제, 결과의 연접관계를 기호, 화심표 등으로 하루 전개한다.
- 직무프로세스의 이해가 용이하도록 순서도 기호를 적절히 활용하여 작성한다.
- 직무 프로세스 전개 단계
  - 시작과업과 종료과업의 정의가 중요하고 가장 우선임.
  - 시작과업부터 발생되는 활동, 과정, 결과를 종료과업까지 순차적으로 흐름 전개함.
  - 전개과정에서 핵심과업, 전환과업을 도출, 정의하고, 명확히 표기함.
  - 타 직무, 타 과업으로의 분기점인 전환과업에서 흐름의 방향을 좌우상하로 전개함.
  - 프로세스 전체 흐름도를 리뷰하면서 단위과업의 추가, 제거, 조정 및 방향을 확인함.
  - 과업별로 결과물, 점검사항, 부가사항 등을 기록하여 직무이해도를 높임.

직무수행역량 및 개발방법 정리

선행 직무명　　　지원 직무명　　　후행 직무명

	지식/자격	스킬/경험	태도/인적성
직무수행 필요역량		• 직무프로세스 분석/전개가 상세 정도가 역량도출의 효과성을 좌우함. • 직무프로세스 탐색과정에서 실무자 및 컨설턴트의 조언을 확인함. • 국가직무능력표준(NCS) 학습모듈, 직무사전 등에서 확인할 수 있음.	
필요역량 개발방법		• KSA별로 자신의 수준을 감안하여 선정함. • KSA별로 스펙의 4S차원에서 우선순위를 고려하여 선정함. • 국가직무능력표준(NCS) 학습모듈, 직무사전 등에서 참고할 수 있음	

직무프로세스 전개 사례1-1 (구매직무)

생산계획 (선행직무) - 자재 / 부품 - 설비 / 치공구	구매 직무	구매/조달 기획	구매 집행 (계약/발주)	거래선 관리 (국내외)	구매 평가	생산제조 자재관리 (후행직무)

(직무의 구성 과업)

구매요청

구매정보 제공
- 품질
- 수량
- 납기
- 가격
- 거래선

구매조사
- 구매시장 - 구매가격
- 시장상황 - 계약조건
- 납구 - 거래조건
- 공급선 - 구매절차

국내외) 거래선 발굴

구매방침 설정
- 자체생산 or 외부구매
- 수시구매 or 재고구매
- 장기계약 or 단기계약
- 국내구매 or 해외구매
- 가격인하 or 인상

협의

구매처 선정

가격 결정

구매 절충 | **구매 계약** | **구매 발주**

해외수입 관리
- 품질
- 선적, 통관
- 가격, 의뢰, 결제

입고 검사 | **납기 관리**

구매 결제

입고 재고

협의

국내외) 구매 업무 출장

협력업체관리
- 품질관리(보증, 향상, 인증지도)
- 제작 바용관리(원가, 물류바용)
- 경영상태 점검

협의

협의

협력업체지도

일정 관리

| 제조팀 |
| 자재팀 |
| 품관팀 |
| IT팀 |
| HR팀 |

구매 실적 종합평가
- 납기율
- 불량률
- 원가율
- 재고율

→ **구매역량강화**
- 정보관리 Sys.
- 전문가육성(내부/외부)
- 업체 발굴 및 개발
- 협력업체 육성 Sys.
- 법규대응

직무수행역량 및 개발방법 정리 사례1-2 (구매직무)

선행 직무명	지원 직무명	후행 직무명
생산계획	구매관리	생산제조

	지식/자격	스킬/경험	태도/인적성
직무수행 필요역량	• 제작/조립/가공 요소기술 • 도면이해 및 공학/기술용어 • 자재 및 재질 특성이해 • 제품 및 부품개발과정 이해 • 공급망 이해 및 분석 • 물류시스템 이해 • 선적, 통관, 운송지식 • 공정거래/하도급 법규지식 • 채권채무법규 • 구매관리 전문가 자격 • 외국어 회화 능력	• 전략수립스킬 • 회의/협상스킬 • 원가분석/해석스킬 • 수리분석/해석스킬 • 견적서 분석 작성 스킬 • 원자재, 물류동향 분석스킬 • 시장조사 분석 스킬 • 부실채권 대처 실무경험 • 대금결제, 정산실무경험 • 교육과정 설계 및 강의	• 협상력 및 설득력 • 수리분석력 • 의사소통력 및 결정력 • 상황판단력 및 대처력 • 문제해결 및 대안도출력 • 정직성과 융통성

필요역량 개발방법	• 구매전문가 교육, 자격취득
	• 공학기초 전공 이수
	• 도면작성법 학습, 자격취득
	• 물류, 무역교육 및 자격취득
	• 영어, 외국어 학습
	• 외국어링홀리데이 참가
		• 인턴 및 실습
		  -구매관리, 원가분석
		  -재고관리, 시장조사 등
		• 프로젝트 물품 구매활동
		• 운전, 보안 아르바이트
			• 회의운영 및 주도 경험
			• 경제시장연구회 활동
			• 워크숍/수련회 참여
			• 일정관리 습관화

직무프로세스 전개 사례2-1 (생산관리직무)

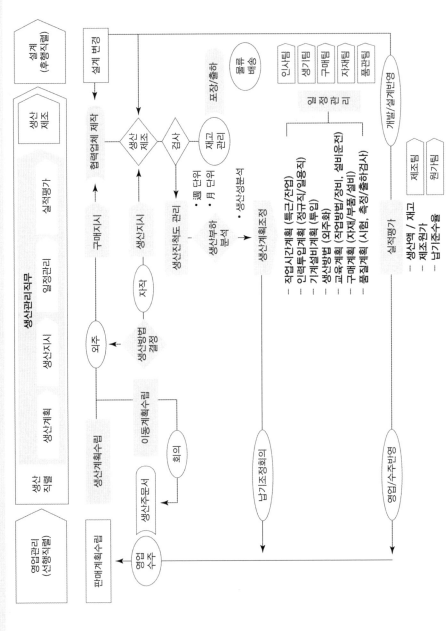

직무수행역량 및 개발방법 정리 사례2-2 (생산관리직무)

	선행 직무명	지원 직무명	후행 직무명
	영업관리	생산관리	생산제조

	지식/자격	스킬/경험	태도/인적성
직무수행 필요역량	• 생산계획수립능력 • 생산방식 및 설비 이해 • 원가관리 및 분석능력 • 교육계획 수립방법 • 제품지식	• 일정관리 • 프로젝트관리 • 협력업체 관리 • 원가관리 • 문제해결스킬 • 경영실적 분석스킬 • 회의진행	• 목표추진력 및 관리력 • 기획력 및 분석력 • 의사결정 및 조정능력 • 대인관계 친화력 • 리더십
필요역량 개발방법	• 산업공학 복수전공 • 통계학 복수전공 • 기계, 전기, 전자 지식 습득 • 생산제품 이해	• 엑셀 실무능력 개발 • 컴퓨터 활용능력 개발 • 회의 진행 및 운영 경험 • 생산 실무부서 인턴/실습 • 결산, DATA집계 아르바이트	• 학생회 및 동아리 회계활동 • 프로젝트 추진 활동 참여 • 프로젝트 결산 활동 참여 • 교회 결산 활동 참여

직무프로세스 전개 사례 사례3-1 (교육훈련직무)

인사관리 | 채용선발 | 평가보상

교육훈련직무: 교육계획 | 과정설계 | 과정운영 | 교육평가

노무관리

HR직별	직무 개요	
인사관리	조직구성원의 채용, 배치, 승진, 보상, 복리후생, 상벌, 조직 등의 기획 및 운영하는 기능을 수행함. -조직 및 직무관리, 채용발령, 급여 및 복리후생, 승진급 및 평가/고과, HR제도 기획	
	내용 (과업&동작)	목적 (역할&책임)
교육훈련	(계층소양교육) 신입, 승진 등 신분/역할 변동사원에게 요구되는 기본소양 및 기대역할을 제시, 개발토록 하여	개인역량의 개발과 조직역량의 강화를 확보할 수 있도록 지원하고 관리한다.
	(직무역량개발) 업무수행에서 기대되고 요구되는 Knowledge, Skill, Attitude의 증진을 지원하고 관리하여	개인의 업무수행능력 향상과 조직 운영자의 리더십 확보를 지원한다.
	(조직개발) 구성원의 협력 강화와 현장활성화, 사기증진 등을 위한 프로그램 운영을 통하여	조직 성과 및 조직 역량의 강화를 지원한다.
	(조직문화개발) 조직의 지향 가치와 조직 구성원들의 내재적 가치를 공유, 내재화하는 프로그램 운영을 통하여	조직문화를 구축, 강화, 개발하여, 지속성장의 경영기반을 강화한다.
노무관리	종업원의 근로조건 개선 및 지원활동, 노사협상 및 교섭관련 제반 지원업무를 수행함. -상담 및 정보관리, 단체협상 및 교섭활동, 노조활동 지원, 노사협력활동 지원.	

직무수행역량 및 개발방법 정리 사례3-2 (교육훈련직무)

선행 직무명	지원 직무명	후행 직무명
인사관리	교육훈련	노무관리

	지식/자격	스킬/경험	태도/인적성
직무수행 필요역량	• 계층별 기본소양과 역량 이해 • 업무수행상의 KSA파악 • 조직운영과 리더십 이해 • 조직문화 및 조직활성화 이해 • 성인교육 이해 • 교육성과 측정방법	• 교육과정 설계스킬 • 교재 및 교부자재 활용스킬 • 이벤트 및 프로그램 설계스킬 • 교육니즈분석 스킬 • 프로젝트 개발, 운영, 관리스킬 • 문제해결스킬 • 교육과정 운영 경험	• 친화적인 대인관계 • 문제의식 • 이타성 • 개인 및 조직 지원의 적극성 • 창의적 아이디어
필요역량 개발방법	• 경영학(인사관리) 복수전공 • 교육학(성인교육) 복수전공 • 교직이수 • 평생교육사 자격취득 • 조사분석사 자격취득 • 설문조사 및 분석스킬 학습 • 상담스킬 학습	• 교내 특강 및 교육 직접 참석 • 교육기관 인턴 • 이벤트 행사 도우미 참석 • 학생회 행사주관 • 하계/동계 이벤트 아르바이트 • (지역) 축제행사 아르바이트 • 설문조사활동 아르바이트	• (후배) 멘토링 활동 참가 • (주민) 봉사활동 참가

차별화전략스킬

직무프로세스 전개 사례4-1 (사업기획직무)

사업 기획	사업계획	목표관리		영업전략 (실적회의)	영업관리 (후행직무)
	Plan		Do	Check/Act	

**전사 기획
(선행직무)**

- 전사사업계획
(매출/생산/개발)
- 중점경영방침
- 전사혁신계획

중기전략수립

사업계획수립

임원목표관리

사업부
팀장목표관리

혁신활동 추진

손익 / 채권 관리

판매/전략 관리프로세스 정립

회의체 운영

실적 집계	실적 분석	전략 회의
실적 집계	실적 분석	추진 회의
실적 집계	실적 평가	대책 회의

영업활동 및 네트워크 정보관리

지방지사/해외법인 지원

예산 및 비용관리

사업부 인사관리

회의체 참가

전사

공장

긴급

월정o관리

사업부 / 영업 조직 편성

영업

지방지사

공장

연구소

본부

해외

협력사

직무수행역량 및 개발방법 정리 사례4-2 (사업기획직무)

선행 직무명	지원 직무명	후행 직무명
전사 기획	사업부 기획	영업 관리

	지식/자격	스킬/경험	태도/인적성
직무수행 필요역량	• 경영전략이해 • 경영혁신활동 이해 • 전략수립 Process, Tool 이해 • 과제도출 Tool 이해 • MBO 및 업적평가 이해 • 재무회계 이해 • 원가 및 비용 개념 이해 • 채권관리 이해	• MBO및 업적평가 스킬 • 사업계획 수립 Process 스킬 • 문제해결 스킬 -6시그마/모니터링/낭비발견 • 예산관리스킬 • 회의 진행스킬 • Data 집계 분석요령 • 프레젠테이션 스킬	• 수리분석력 • 문제해결 및 대안 도출력 • 정보수집 및 관리력 • 대인관계능력 • 친화력
필요역량 개발방법	• 경영학 복수전공 • 회계학 복수전공 • 통계학 복수전공 • 회계관련 자격증 취득	• 경영기획 실무 인턴, 실습 • 회의 이벤트 진행 경험 • IT 처리 경험 • 엑셀 사용법 연습 • PPT작성법 연습	• 회의 운영 및 주도 경험 • 과제 및 프로젝트 추진경험 • 발표 및 보고경험

차별화전략스킬

42 비즈니스 고객

▶ 비즈니스의 개념과 목적

- 비즈니스(사업)는 재화 및 서비스를 고객에게 판매하는 조직체의 지속적인 경제 활동이다.
- 어떤 일을 일정한 목적과 계획을 가지고 짜임새 있게 지속적으로 경영하는 사업 활동이다.
- 비즈니스 활동은 기업만이 아닌, 개인차원의 목적 지향성 계획 활동도 포함된다.
- 기업의 활동목적은 경제적 개념의 영리추구만이 아니라, "고객을 창출하는 것"이며, 이것이 비즈니스의 유일한 목적이다. 고객이 구입하는 것은 제품과 서비스 자체가 아니라 그것들이 제공하는 효용이다(피터 드러커).

▶ 고객의 해석과 이해

- 조직 내외에서 "자신의 일의 결과"를 사용하는 사람을 고객이라고 할 수 있다.
- 생산과정에서 전방 및 후방의 공정자도 고객이며, 경쟁자도 고객이라고 할 수 있다.
- 고객은 ① 새로운 제품이 아니라 새로운 가치를 기대한다. ② 다다익선보다 과유불급에 불쾌한다. ③ 현재의 불만해소를 넘어, 선행처리를 원한다.

▶ 고객의 범위

- 취업과정에서의 시장고객을 아래와 같이 구분할 수 있다.
  • 내부고객(가치 생산고객): 교수, 선배, 친구, 후배
  • 중간고객(가치전달고객): 채용실무자, 현장멘토
  • 외부고객(가치구매고객): 서류심사 및 면접관, 채용권자

고객의 범위

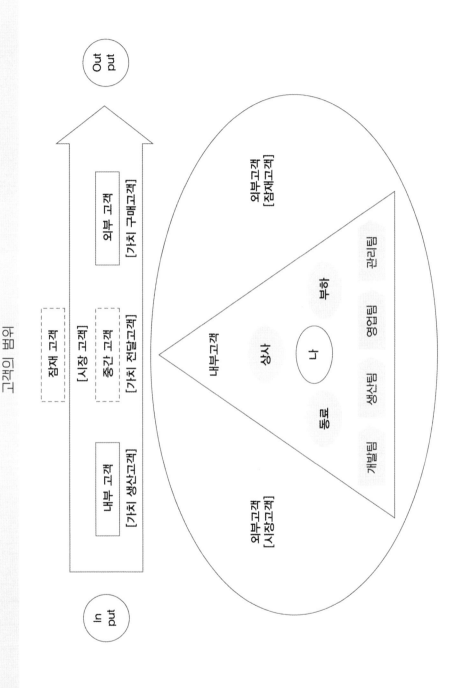

43 채용설명회 활용

▶ 채용설명회의 고객

─ 채용설명회의 고객은 누구일까?
- 구직 희망자: 채용정보를 확인하고, 취업하고자 한다는 차원에서 고객이다.
- 기업 실무자: 채용정보를 제공하고, 인력을 유지한다는 차원에서 고객이다.

─ 매력포인트 강화 노력은 누가 더 해야 할까?
- 기업 노력: 구직학생의 방문, 유지를 위해 홍보부스를 꾸미고, 기업소개 및 홍보자료를 준비한다.
- 학생 노력: 구인기업의 호감 획득을 위해 무엇을 하고 있는가?

▶ 채용설명회 활용 요령

─ 기업실무자와의 상담을 통해, 취업관련 정보 확인의 기회가 될 것이다.
- 채용정보의 구체적인 내용 확인 및 입사지원의 기회 확보
- 취업 멘토의 확보 기회
- 기업(조직)의 문화 확인
- 취업전략 및 경쟁역량개발 방향

─ 졸업까지의 시간적 여유가 있는 재학생도 방문하여야 할 것이다.
- 당신의 고객(채용실무자)이 당신 앞에 있다(개인적인 기업 방문과 면담 성사는 용이지 않다).

─ 고객을 감동시키는 준비와 전략을 가지고 방문하여야 한다.
- 자신의 명함 준비
- 자신의 이력서와 자기소개서 준비
- 참가기업의 사전조사
- 질문 리스트 준비

채용설명회에서의 질문 요령(고객의 매력을 이끄는 질문)

	나 중심의 질문	기업중심의 질문
지원 가능성	• 이런 스펙을 가지고 있습니다. • 이런 분야 관심이 있습니다. • 채용인원은 어느 정도인가요?	• 이런 장점, 강점이 있습니다. • 어떤 분야에 지원할 수 있을까요? • 지원분야의 현재인원은 얼마나 되나요?
채용 절차	• 채용절차는 어떻습니까? • 면접은 어떻게 하시나요? • 합격기준은 어느 수준입니까?	• 자기소개서 항목은 무엇입니까? • 면접 질문내용은 무엇입니까? • 그런 항목의 배경은 무엇인가요?
처우 기준	• 연봉, 복리기준은 어떻습니까? • 휴가는 언제 있나요? • 기숙사, 통근버스는 있나요?	• 성과보상 기준은 어떻습니까? • 사용하지 못한 휴가는 어떻게 하나요? • 특별한 처우기준은 있나요?
직무 내용	• 어떤 일을 하나요? • 출퇴근시간은 어떤가요? • 업무회의가 많은가요?	• 어떤 스타일을 기대하나요? • 야근, 특근은 보상하나요? • 신입사원은 어떤 일을 하나요?
사업 상황	• 주력 사업은 무엇인가요? • 신규 사업분야는 어디인가요? • 사업성과는 어떠한가요?	• 인원이 많은 곳은 어느 부서인가요? • 인원이 많은 배경은 무엇인가요? • 신규 채용계획은 유지(증가)되나요?

44 조직문화의 이해

▶ 조직문화의 의미

- 조직에 존재하는 보편적(general)이면서도 독특한(peculiar), 일상적(daily)이면서도 특별한(special) 일하는 특성을 종합한 대표적인 특성이라 할 수 있다.

- 조직과 그 구성원이 사업과 제품, (기능)조직과 구성원, 고객에게 대하여 일하는 방식이다.

- 성공적이든 자신의 개성(personality)에 적합한 문화 특성을 가진 조직(기업)에 입사하는 것이다.

- 좋은(good) 조직이라도 문화적합성의 차이는 성과와 만족의 지속성을 위축시키게 된다.

- 남이 정한 신의 직장, 몸의 직장보다, 내가 정한 훌륭한(great) 직장이 중요하다.

▶ 조직문화의 유형(R. Quinn)

- 일하는 방식의 유연성과 안정성, 일하는 방향의 내부지향성과 외부지향성에 기초하여 문화 유형(특징)을 4개로 구분하여 설명하였다.

  • 관계지향문화(Human Relation Model)
  • 혁신지향문화(Open system Model)
  • 통제지향문화(Internal Process Model)
  • 과업지향문화(Rational Goal Model)

조직문화 유형의 특징

관계지향 문화(R)

- 조직 내 가족적인 인간관계의 유지 강조
- 구성원간의 소속감과 상호신뢰, 참여를 핵심가치로 하며,
- 배려하고 참여적이며, 팀웍을 통한 상호작용의 촉진자로서의 리더십 강조
- 구성원의 인적자원의 개발과 조직몰입의 증진 정도를 통해 조직효과성 평가

혁신지향 문화(O)

- 조직의 유연성, 외부환경에의 적응성 강조
- 환경 적응과 기업가적 정신을 중심 가치로 하며,
- 어느 정도의 위험성을 감수할 수 있는 혁신가로서의 리더십 강조
- 조직의 성장과 혁신의 수행의 획득 정도, 새로운 자원의 획득 여부에 따라 조직효과성 평가

통제지향 문화(P)

- 조직내 안정성과 내부의 효율성 강조
- 규칙에 의한 통제와 질서를 중심 가치로 하며,
- 안정지향의 조정자로서의 리더십 강조
- 무리 없는 조직운영, 통제와 예측성, 내부 효율성의 증진 정도를 통해 조직효과성 평가

과업지향 문화(G)

- 성과달성과 과업수행의 생산성 강조
- 명확한 목표설정과 구성원간의 경쟁을 촉진하며,
- 성과를 관리하는 리더십 강조
- 철저한 사전계획과 성과달성 및 생산성의 증진 정도를 통해 조직효과성 평가

45 조직문화의 구성요소

▶ 조직문화의 7S 요소

- 조직문화를 이해는 조직문화의 구성요소를 확인함으로서 증진된다.

- 조직문화의 7가지 구성요소들이 모두 S자로 시작한다는 차원에서 7S로 칭하였다.

  • shared value(공유가치): 경영이념 및 방향

  • strategy(경영전략): 장기적 목적과 계획

  • structure(조직구조): 전략의 실행 조직

  • system(제도절차): 의사결정의 기준

  • skill(관리스킬): 전략의 실행방법

  • style(리더십): CEO 및 부서장의 리더십

  • staff(구성원역량): 구성원의 규모 및 역량, 교육

- 7S의 구성요소는 가시성이 강한 Hard한 요소와 비가시성이 강한 Soft한 요소로 구분한다.

  • Hard 요소: 경영전략, 조직구조, 제도

  • Soft 요소: 구성원 역량, 스킬, 리더십, 공유가치

조직문화의 7S 요소

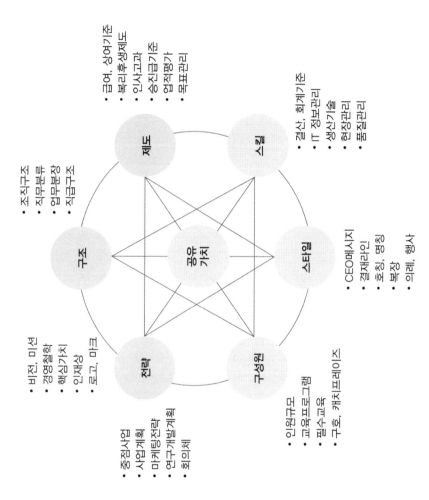

제도
- 조직구조
- 직무분류
- 업무분장
- 직급구조

스킬
- 금여, 상여기준
- 복리후생제도
- 인사고과
- 승진급기준
- 업적평가
- 목표관리

구조
- 결산, 회계기준
- IT 정보관리
- 생산기술
- 현장관리
- 품질관리

공유가치

스타일
- 비전, 미션
- 경영철학
- 핵심가치
- 인재상
- 로고, 마크

전략
- CEO메시지
- 결재라인
- 호칭, 명칭
- 복장
- 의례, 행사

구성원
- 중점사업
- 사업계획
- 마케팅전략
- 연구개발계획
- 회의체

- 인원규모
- 교육프로그램
- 필수교육
- 구호, 캐치프레이즈

46 조직도의 이해

▶ 조직도 해석

- 조직도는 기업의 전략과 기능 수행이 방식과 절차를 구조화하여 도식화한 것이다.
- 조직도를 살펴보면 기업의 사업 및 운영 프로세스를 이해할 수 있다.
- 조직구조는 사업의 전문화, 공식화, 운영의 집권화를 고려하여 설계한다.
  - 전문화: 사업의 수평적 분리, 권한의 수직적 단계, 지역적 분화를 반영함.
  - 공식화: 사업활동 및 직무수행의 표준화 정도를 반영함.
  - 집권화: 조직 의사결정이 단계와 권한의 범위를 반영함.
- 조직도만 살펴보아도 조직문화, 사업현황 및 비전을 감지할 수 있다.
  - 복잡하면 조직적, 관리적으로 업무수행/단순하면 TOP리더십 의존하여 업무수행 경향.
  - 수직적이면 사업 범위가 넓고 완성품 제조/수평적이면 사업 범위가 좁고 부품제조 경향.
  - 스텝조직 많으면 본사 영향력 강하고, 회의가 많다.

▶ 조직(도)의 일반적 유형

- 기능별 조직: 조직의 기능(function)을 기준으로 설계한 기본적인 형태로서, 전문성 확보 용이하지만, 조직 함거로 인하여 기능(부서)간 협력 우려 있음.
- 사업부제 조직: 사업의 확장으로 제품, 시장별로 분화하여 설계한 형태로서, 자율성과 책임성 확보 용이하지만, 기능중복으로 자원낭비와 중앙집권 통제력 저하 우려 있음.
- 혼합형 조직: 기능별 조직과 사업부제 조직의 특성을 혼합하여 설계한 형태로서, 현실적으로 운영되지만, 전사적 스태프 중가로 관리부담과 본부와 사업부 간의 갈등 발생 우려 있음.

조직 유형별 문화 특성

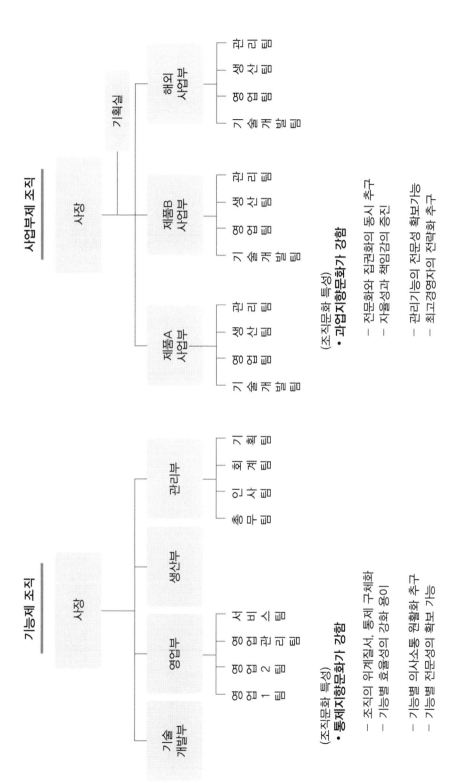

기능제 조직

- 사장
  - 기술개발부
  - 영업부
    - 영업1팀
    - 영업2팀
    - 영업관리팀
    - 서비스팀
  - 생산부
  - 관리부
    - 총무팀
    - 인사팀
    - 회계팀
    - 기획팀

(조직문화 특성)
• 통제지향문화가 강함

  - 조직의 위계질서, 통제 구체화
  - 기능별 효율성의 강화 용이

  - 기능별 의사소통 원활화 추구
  - 기능별 전문성의 확보 기능

사업부제 조직

- 사장
  - 기획실
  - 제품A 사업부
    - 기술개발팀
    - 영업팀
    - 생산팀
    - 관리팀
  - 제품B 사업부
    - 기술개발팀
    - 영업팀
    - 생산팀
    - 관리팀
  - 해외 사업부
    - 기술개발팀
    - 영업팀
    - 생산팀
    - 관리팀

(조직문화 특성)
• 과업지향문화가 강함

  - 전문화와 집권화의 동시 추구
  - 자율성과 책임감의 증진

  - 관리기능의 전문성 확보기능
  - 최고경영자의 전략화 추구

47 조직문화의 분석

▶ **조직문화 탐색 요령**

- 가시적 요소인 전략, 구조, 제도의 탐색에 지중할 수밖에 없는 현실적 제약은 있다.
- 비가시적 요소는 CEO 메시지, 교육프로그램, 공개된 기술, 기별 및 양식에서 유추 가능하다.
- 7S의 정보源별로 개별적으로 탐색하고, 상호연계 관계를 유추한다.
- 조직내 구성원이 지향하고, 선호하고, 주구하는 포인트를 종합하여 대표 문화로 정한다.

▶ **조직문화 탐색 정보원**

- 기업 홈페이지 및 사보
- 경제신문(산업, 기업)
- 경제연구보고서 및 주식정보 site
- 취업포털site 및 관련기관 홈페이지(노동부, 무역협회, 중소기업청, 상공회의소 등)
- 현장방문 및 채용설명회(개별면담, 특강)

▶ **조직문화 해석 요령**

- 효과적인 방법은 기능조직단위에서 하여야 하나, 현실적 제약으로 기업단위에서 실시한다.
- 조직내의 기능 및 구성원의 다양성으로 문화적 특성이 혼재되어 있음을 이해한다.
- 대표문화와 별도로 조직level에서의 특별하고, 독특한 특성을 하부조직 문화로 이해한다.
- 문화의 해석은 1개 기업 단독 실시보다는, 2~3개 기업을 상호비교하는 것이 효과적이다.
- 문화의 해석 결과를 자신의 스타일(성격, 가치, 선호 등)과 비교해 본다.
- 문화의 해석은 역량개발 방향 및 포인트 선정에 활용하고자 함이 목적이다.

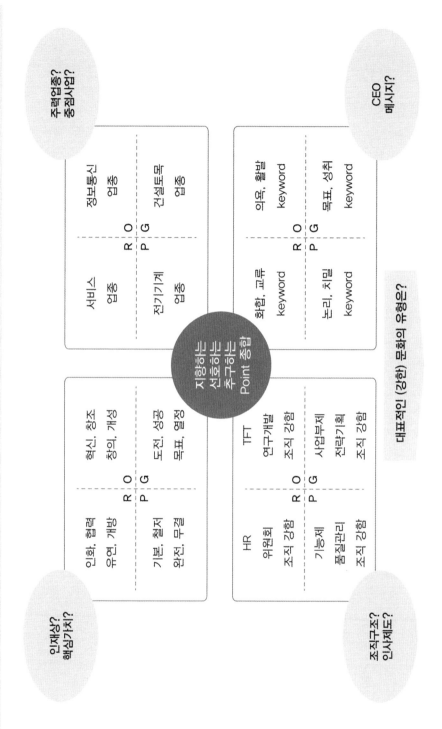

주력업종?
중점사업?

서비스
업종

R ○
P │ G

전기기계
업종

정보통신
업종

건설토목
업종

인재상?
핵심가치?

인화, 협력
유연, 개방

R ○
P │ G

기본, 철저
완진, 무결

혁신, 창조
창의, 개성

도전, 성공
목표, 열정

HR
위원회
조직 강함

R ○
P │ G

기능제
품질관리
조직 강함

TFT
연구개발
조직 강함

사업부제
전략기획
조직 강함

지향하는
선호하는
추구하는
Point 종합

화합, 교류
keyword

R ○
P │ G

논리, 치밀
keyword

의욕, 활발
keyword

목표, 성취
keyword

CEO
메시지?

조직구조?
인사제도?

대표적인 (강한) 문화의 유형은?

48 채용공고 분석

▶ HR부서의 채용공고에서의 기대

① 효과성 확보: 적격인재의 지원이 많길 바란다(이런 사람이 지원하세요).
  • 채용시점에서 직무 및 조직에 적합한 인재의 지원
  • 장기근속이 예상되는 인재의 지원
  • 조직 시너지의 증진에 기여할 인재의 지원

② 효율성 확보: 선발과정의 낭비가 적길 바란다(이런 사람은 지원하지 마세요).
  • 문지 마 지원으로 시간과 노력의 낭비 감소
  • 충도 및 조기퇴직으로 채용의 자질 발생 감소
  • 조직 부적응 인성으로 실무부서의 애로 발생 감소

▶ 이전 공고 내용과의 비교분석 효과

  − 채용에서 비중을 두고, 특별히 확인하고 싶은 점이 무엇인지 파악할 수 있다.
  − 입사지원서 작성의 방향과 강조포인트를 잡을 수 있고, 면접에서 차별화 포인트를 발견할 수 있다.
  − 최소한 채용공고분석을 해야만이 성공의 가능성이 높다.

▶ 채용공고 분석의 내용

① 모집 직무의 내용이 어떻게 변경되었는지?

② 지원 자격요건 및 기준은 어떻게 변경되었는지?

③ 근무 지역 및 부서 변경이 있는지?

④ 이전의 공고와 특별히 다른 내용은 무엇인지?

⑤ 모집 공고에 포함된 헤드 메시지, 문구는 어떠한지?

채용공고 내용 분석 (신규, 반복, 확장, 축소, 통합, 삭제된 내용은 무엇인가?)

① 직렬/직무 내용

N-2	N-1	Now

(차별화&어필 포인트)

② 지원자격/조건 내용

N-2	N-1	Now

(차별화&어필 포인트)

③ 근무지/부서 내용

N-2	N-1	Now

(차별화&어필 포인트)

④ 헤드메세지/문구 내용

N-2	N-1	Now

(차별화&어필 포인트)

49 목표기업 선정

▶ 목표기업 선정에 대한 인식

- 막연히 좋은(good) 기업에 입사하겠다는 목표와 전형적인 취업 환경은 사라진 지 오래 되었다.
- 대단한 스펙인데도 중소기업에 탈락되고, 보통의 스펙으로도 대기업에 합격한 사례를 단순히 운(運) 때문이라고 하기에는 수용이 어렵다.
- 연봉이 정년들이 1순위 기준이 될지는 몰라도, 더 중요한 것은 중급여에이라는 것을 취업 이후 얼마 되지 않아서 알게 될 것이다.
- 성공취업에 대한 인식과 시각으로 기업을 바라보면, 자신의 강점과 경쟁력을 발휘 할 수 있는 좋은(great) 기업도 상당히 많다.

▶ 목표기업 선정의 기준

- 높은 취업경쟁은 기업의 사업 여건만이 아니라, 지원자의 역량 여건에서도 영향을 받는다.
- 높은 취업경쟁은 목표기업의 전략적 선정과 경쟁 역량의 전략적 강화로서 극복할 수 있다.
- 기업분석의 선행을 통하여,

① 선발 가능성, ② 역량발휘 가능성, ③ 지속근무 가능성을 전략적으로 분석, 평가하는 것이 효과적이다.

- 차별화 전략은 냉철하고 정직한 자기분석에서 출발한다.

목표기업 선정 기준 및 요령

• 채용공고분석결과
- 모집 분야의
전공 친화성 있다면?

• 직무분석결과
- 직종 Biz, SYS의
적성 친화성 있다면?

• 조직문화분석결과
- 7S 이미지의
성격 친화성 있다면?

선발
가능성

발휘
가능성

지속
가능성

• 우대요건 대응력 확인
• 멘토연락 직접확인
• 채용설명회 참석확인

• 현재 KSA수준 확인
• 1년 이내 확보가능성
확인(냉정, 정직, 솔직히)

• 중도퇴직 우려 확인
- 동일본야 채용빈도
- 회사환경 묵시확인

1단계
(60%)

2단계
(40%)

목표
기업
선정

- 3개 기업을 선정함.
- 선정 순위는 가능성, 규모 및 처우, 인지도 등을 종합적으로 반영함.
- 경쟁력 확보를 위한 1년 중기 계획, 3개월 단기 계획을 수립함.

50 기업 현장방문

▶ 기업방문의 효과

① 외향적인 이미지만으로도 기업분위기와 자기친화성을 감지할 수 있다(기업로고, 건물색상/구조/조경, 구축물, 게시물).

② 전시장의 방문으로 기업 및 제품 그리고 사업 비전을 확인할 수 있다.

③ 면접시 방문소감을 알리면서, 열정과 준비성에 대한 긍정적 호감을 이끌 수 있다.

④ 실무자 만남을 통해 입사의지와 열정어필 그리고 멘토화보의 기회를 만들 수 있다.

▶ 기업방문의 방법

– 공식적 방법: 인턴, 현장실습, 현장 아르바이트, 전화프로그램 참여

– 개인적 방법: 전시장 견학, 담당자 연락/만남, 지인활용 소개받기

▶ 직접 기업방문 준비시 고려사항

– 담당자와의 통화 가능성이 높은 시간대를 (중식 직후 13시경) 활용한다.

– 업무부담이 많은 일정 시기는 (월, 금요일/월말) 피하라(중소기업 인사부서 방문은 채용공고 준비부에 하면 효과적이다).

– 자기어필소재를 명확히 설정하고, 방문목적을 분명히 전달한다(해심역량을 전달하며, 허락을 이끌어내라).

– 자기 명함과 질문리스트를 준비하여 호감가는 첫인상을 이끌어내라.

– 사전 예약이 어렵다면, 직접 안내데스크에 가라. 그리고 용기 내어 면담을 의뢰하라.

– 성사되지 않는다고 실망, 포기하지 말고 연락처를 남기고 회신부탁하라.

기업방문 절차 및 체크 포인트

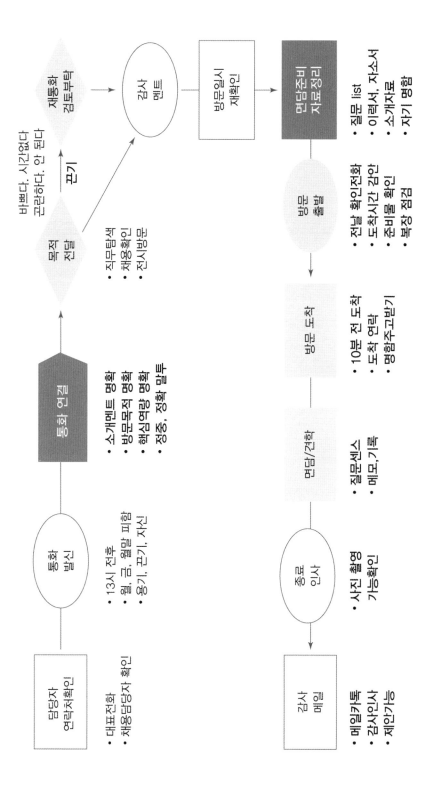

담당자 연락처확인
- 대표전화
- 채용담당자 확인

통화 발신
- 13시 전후
- 월, 금, 월말 피함
- 용기, 끈기, 자신

통화 연결
- **소개멘트 명확**
- **방문목적 명확**
- **핵심역량 명확**
- **정중, 정확 말투**

목적 전달
- 직무탐색
- 채용확인
- 전시방문

바쁘다, 시간없다
곤란하다, 안 된다

끈기

채용확인 검토부탁

감사 멘트

방문일시 재확인

면담준비 자료정리
- 질문 list
- 이력서, 자소서
- 소개자료
- 자기 명함

방문 출발
- 전날 확인전화
- 도착시간 감안
- 준비물 확인
- 복장 점검

방문 도착
- 10분 전 도착
- 도착 연락
- 명함주고받기

면담/견학
- **질문센스**
- 메모, 기록

종료 인사
- 사진 촬영 가능확인

감사 메일
- 메일기록
- 감사인사
- 제안기능

119

차별화전략스킬

51 지원서 작성의 기본

▶ 신입사원 교육 필수사항, 보고서 작성 요령

① 보고 목적에 적합한가?
- '왜 이런 보고를 한 것인가'에 대한 답이 있어야 함.
- 사전에 보고 목적과 주제에 대하여 충분히 고민해야 함.

② 보고 내용이 정확한가?
- 객관적 입장에서 모든 관련 사항을 확인하고 또 확인할 것.
- 보고받는 사람의 판단을 흐리게 한다면 보고자도 책임을 져야 함.

③ 보고서를 간결하게 정리했는가?
- 불필요한 미사여구나 수식어를 배제함.
- 서술형 개조식(~하였음.) 문장을 활용함.

④ 보고서를 이해하기 쉽게 썼는가?
- 논리적으로 비약하지 말고 단계적, 체계적으로 전개함.
- 필요한 예시나 사례를 제시하고, 그래프나 그림으로 도식화함.

⑤ 완결성을 갖추었는가?
- 보고받는 입장에서 의문사항을 체크하고, 그 해답을 제시하고 있는지 확인함.

▶ 입사지원서 작성의 기본 마인드

- 지원서를 접하는 순간은 비즈니스 환경에 진입하는 것이다.

- 입사지원서는 비즈니스 문서가 되어야 한다.

- 많은 지원자, 높은 경쟁률 때문에, 지원자의 마음으로 지원서를 읽어주지 않는다.

- 실무자의 마음으로 작성하면, 최소한 읽어라도 준다는 전략적 마인드가 필요하다.

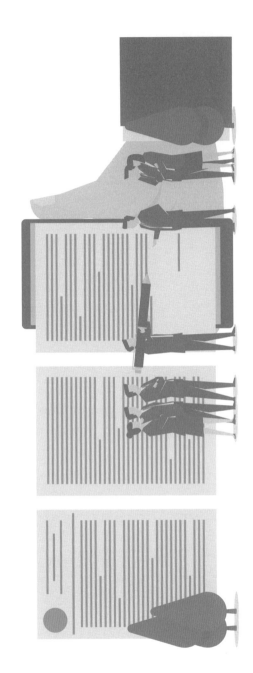

이 력 서

(보유역량을 단번에 보고자 한다)

1. 최대한 많이 담아라.
2. 최대한 빈칸을 메워라.
3. 최대한 연관지어 찾아라.
4. 최근 것부터 써라.

사진의 인상과 보유 역량 수준을 보고 이미지와 호감도를 평가한다.

자기소개서

(학습과정을 구체적으로 보고자 한다)

1. 최소한 적게 담아라.
2. 구체성으로 신뢰를 높여라.
3. 숫자를 포함시켜라.
4. 읽기 쉽게 써라.

직무, 조직역량을 작성한 문장에서 사실성과 진실성을 평가한다.

- 지원자의 마음으로 읽어주는 실무자는 없다.
- 실무자의 마음으로 작성하면 읽어라도 준다.

52 매력적인 자기소개서

▶ 자기소개서의 요구 및 작성 방향

- JOB(Job, Organization, Business)에 기준하여야 한다.
- 충분한 스펙보다는, 4S차원의 "필요한 스펙"이 중요하다.
- 파편화된 KSA보다, 주먹밥식 해석표현이 경쟁력을 가진다.
- 주의의 이야기가 아닌, 역량개발 보고서, 포부실천 계획서가 되어야 효과적이다.

▶ 매력적인 자기소개서의 요건

- 가독성 : 읽기 쉬워야, 읽고 싶어지고, 끝까지 읽는다.
- 구체성 : 숫자의 삽입은 구체성을 만들어 주고, 신뢰도를 높여준다.
- 직무관련성 : 당장 일할 수 있는 사람임을 알린다.
- 조직지향성 : 함께 일할 수 있는 사람임을 알린다.

▶ 매력적인 자기소개서의 작성 핵심

① 입사 후 포부를 가장 먼저 작성한다(작성순서를 먼저하라는 것이다).
② 지원동기 등 기타 사항은 입사 후 포부에 연관, 연결하여 전개한다.
③ 읽는 사람의 입장이 되어, 전체 내용을 리뷰한다.
④ 중복 단어를 제거하고, 재요약을 한다.
⑤ 출력해서, 읽어보고, 가독성을 확인한다.

매력적인 자기소개서 작성 절차

자소서 항목 스캔
- 전체적 작성 방향을 구성하기 위함.
- 순진하게 양식순서를 따르면 용두사미로 빠질 가능성 높음.

항목의 질문의도 파악
- 질문이란 특별히 확인하고 싶은 것이 있다는 의도임.
- 질문의도를 파악하지 않으면, 자기중심으로 쓰는 오류에 빠짐.

항목별 소제목 구성
- 각 질문 항목의 소제목을 2~3개를 구성하여, 소제목 아래에 스토리의 핵심을 두괄식으로 작성함.
- 소제목은 내용의 요약임을 명심할 것.

입사 후 포부 작성
- 가장 먼저 작성해야 함.
- 입사 후 1~3년 이내에 하고 싶은 일을 작성해야 함.
- 인성적인 측면으로 작성하면 결국은 소설이 됨.

지원동기 작성
- 입사 후 포부를 가지게 된 KSA의 학습과정과 결과/소감을 작성하는 것임.
- 대학 이전의 동기는 상상이지, 비전이 아님.

기타 항목 작성
- 성격, 장단점, 대학생활 및 경험, 주위 등은 입사 후 포부, 지원동기를 부연하는 내용으로 작성하는 것임.

전체 내용 리뷰
- 의도에 맞추어 WPWP를 포함하여, 질문거리를 담아 작성하였는지를 확인하며, 문장의 단락을 과감히 띄워야 함.

중복단어 제거 요약
- 중복, 반복 단어를 확인하여 더 요약하고 압축함.
- 한 문장의 길이가 세 줄을 넘는 순간, 가독성/전달성은 저하됨.

출력 / 가독성 확인
- 일반적으로 출력되어 면접관에게 제공됨(대/공기업의 경우 PC화면에서 확인하는 경우 있음).
- 면접관의 입장에서 읽어 보는 것이 꼭 필요함.

53 입사 후 포부 작성

▶ 자기소개서 작성 제시 문항

– 자기소개서 양식에서는 대체로 성장과정 및 학업 내용, 장점과 단점, 지원동기 및 입사 후 포부 등의 항목을 구분하여 구체적으로 작성하도록 제시하고 있다.

– 최근에는 이런 항목 구분 없이, 자신의 경험과 생각을 포함하는 스토리 문장을 작성토록 하여, 그 내용이 신뢰도를 강화하고자 하는 경향이 많아지고 있다(대기업, 공기업의 경우 확산되었음).

– '입사 후 포부' 작성을 제시하는 문항 사례(대기업)

• 지원한 이유와 입사 후 회사에서 이루고 싶은 꿈을 기술하시오.

• 입사 후 직무 관련 성과와 경쟁력을 위해 본인이 지금까지 개발한 역량 및 노력에 대해 기술하시오.

• 입사할 경우 현재 보유하거나 앞으로 보유할 직무역량을 어떻게 발휘할 수 있을지 서술하시오.

• 지원직무 분야에서 일을 하게 된다면, 그려지는 회사 생활의 이미지를 상세하게 서술하시오.

• 본인이 기대하는 미래의 모습과 계획을 바탕으로, 회사에서 이루고 싶은 꿈과 비전을 소개하시오.

▶ 자기소개서 핵심은 '입사 후 포부'

– 짧은 지면으로 자신을 모두 설명하기는 어렵지만, 가장 집중해야 할 항목은 '입사 후 포부'이다.

– '입사 후 포부'에 직무역량을 바탕으로 한 열정, 그 열정을 확인시키는 구체적인 계획이 포함될 때, 실무자와 면접관의 관심은 보다 증가된다.

– '입사 후 포부'는 양식 끝 부분에 있지만, 실제 작성시는 가장 먼저 작성하는 테크닉이 필요하다. 그래야만 자기소개서 전체 내용이 일관성과 압축성이 확보되기 때문이다.

매력적인 '입사 후 포부' 작성 요령

1단계

① 지원 직무 확인
- 직무의 과업, 동작은?
- 직무의 역할, 책임은?

② 사업 이슈 확인
- 회사 중점사업은?
- 최근 사업활동은?

③ 차별화 포인트 확인
- 채용공고에서 발견한 것?
- 자신의 강점, 장점?

2단계

④ 하고 싶은 일? / 이루고 싶은 과제?
- 직무 용어로 표현(개발, 관리직군)
- 제품 용어로 표현(생산, 영업직군)
- 회사 Common language로 표현

	1년 이내 포부	3년 이내 포부
1순위		* 종합하여
2순위		소제목으로 활용
2순위		

⑤ 내용 작성
- 소제목 (서술형 개조식 문장으로 작성)
1. * 반드시 1,2,3번호를 사용하여
2.   구체적으로 전개함.
3.

3단계

54 자기소개 스토리

▶ 자기소개서에서 알고 싶은 스토리

– 실무자가 알고 싶은 것은 대단한 성과, 특별한 노력이 아니다.

– 진심한 시도와 성과, 일상의 소소한 학습/경험에서의 공감이다.

– WPWP(Want – Prepare – Will – Performance)가 진정으로 알고 싶은 내용이다.

– 스토리는 양보다 질이다(3개 정도의 스토리별 PCRS를 적절히 활용하라).

▶ PCRS 정리 요령

– 1경험 및 1경력별 PCRS의 내용이 실무가가 알고 싶어 하는 스토리이다.

• 정량성과/Performance: 성과 및 목표달성을 이룬 결과/내용

• 정성성과/Customer satisfaction: 고객만족을 이끈 결과/내용

• 역할내용/Role: 역할 및 과제를 수행하면서 개선했던 결과/내용

• 학습내용/Study: 학습과 성장의 차원에서 만족했던 결과/내용

▶ PCRS 정리 결과 활용

– 자기소개서의 제시 항목에 따라, PCRS 각각을 스토리로 적절히 활용한다.

– 매력적인 자기소개서 작성 절차에 따라 PCRS의 내용을 활용한다.

– 하나의 경험도 PCRS로 구분하면 4개의 스토리가 된다.

– 자기소개서 작성 전에 PCRS가 준비, 정리되어 있어야 한다.

– 대학생활중의 경험과 학업내용을 PCRS로 정리하는 학년별 다이어리를 만들어라.

자기소개 스토리 PCRS 정리

(스토리 주제 및 이슈)
○○편의점 아르바이트(20년 1월~12월)

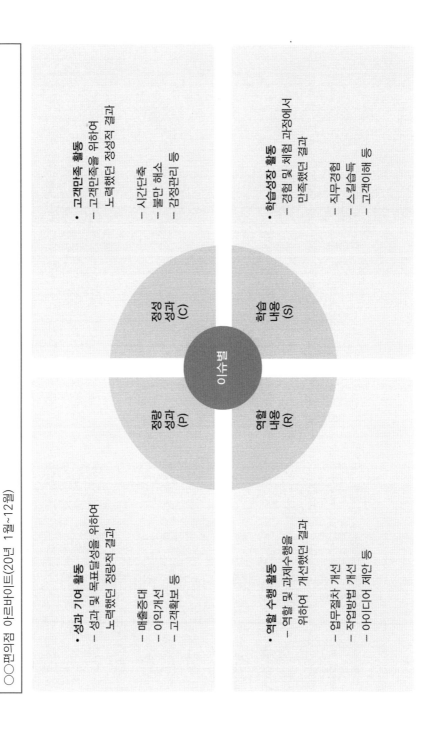

• 고객만족 활동
  – 고객만족을 위하여 노력했던 정성적 결과
  – 시간단축
  – 불만 해소
  – 감정관리 등

• 학습성장 활동
  – 경험 및 체험 과정에서 만족했던 결과
  – 직무 경험
  – 소질습득
  – 고객이해 등

• 성과 기여 활동
  – 성과 및 목표달성을 위하여 노력했던 정량적 결과
  – 매출증대
  – 이익개선
  – 고객확보 등

• 역할 수행 활동
  – 역할 및 과제수행을 위하여 개선했던 결과
  – 업무절차 개선
  – 작업방법 개선
  – 아이디어 제안 등

정성
성과
(C)

학습
내용
(S)

이슈별

정량
성과
(P)

역할
내용
(R)

55 자기소개서 요약

▶ 자기소개서의 핵심

- 자기소개서는 자신의 핵심역량을 활용한 요약된 역할 제안서이다.

  (Personal statement = Core-competence + Role & Responsibility + Summary)

- 요약한다는 것은 정보의 내용을 집약해서, 전체적인 형상을 알리는(인지, 전달) 행위로서 요점이라는 '點'을 누리라는 '線'으로 연결시켜 전체의 모습을 이해하는(시기는) 것이다.

- '點'은 사실(핵심역량, 임사후 역할)이며, '線'은 스토리(역량개발과정, 배경설명)인 것이다.

▶ 소제목(subtitle)의 기능과 역할

- 소제목은 읽고 싶은 마음을 유지시킨다.

- 소제목이 요약의 기능과 역할을 수행한다.

- 소제목이 없는 자기소개서는 감상문(생각을 적은 글)이 될 가능성이 높다.

- 비즈니스문서 중에서 소제목이 없는 문서는 하나도 없다.

▶ 소제목에 대한 착각과 인식전환

- 명언과 속담은 호기심과 눈길을 이끌 것이다.   → 눈길은 전문용어, 실무용어가 이끈다.

- 멋진 문장은 재치와 감동을 이끌 것이다.   → 감동은 차별화된 문장이 이끈다.

- 은유적 표현은 함축적 의미를 전달할 것이다.   → 함축적 의미보다 요약된 의미를 더 선호한다.

- 명사형 문장이 깔끔해 보일 것이다.   → 압축된 서술형 개조식 문장도 명쾌하다.

- 문장 전체를 대표하는 하나의 표현일 것이다.   → 스토리 요약이므로 2~3개도 가능하다.

자기소개서 요약의 기술

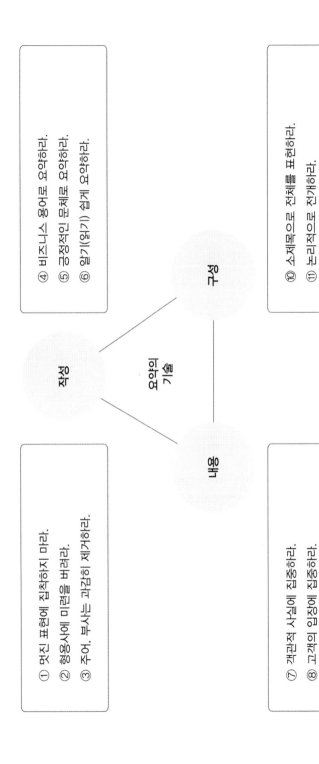

요약의 기술

작성

① 멋진 표현에 집착하지 마라.
② 형용사에 미련을 버려라.
③ 주어, 부사는 과감히 제거하라.
④ 비즈니스 용어로 요약하라.
⑤ 긍정적인 문체로 요약하라.
⑥ 알기(읽기) 쉽게 요약하라.

내용

⑦ 객관적 사실에 집중하라.
⑧ 고객의 입장에 집중하라.
⑨ 넓게 보다, 깊이에 집중하라.

구성

⑩ 소제목으로 전체를 표현하라.
⑪ 논리적으로 전개하라.
⑫ 결론은 남기고, 설명은 버려라.

56 자기소개서 문항 의도 분석

▶ 질문의도 파악의 개념

- 의도(intention)는 겉으로 드러나지 않는 본심이며, 어떤 것을 하고자 하는 생각 및 계획이다.
- 의도의 파악은 쉽지 않지만, 파악하면 행동을 예측할 수 있고, 행동의 유도까지도 가능하다
- 질문문항에만 국한하지 말고, 지원회사의 업종, 제품, 규모, 사업전략, 인재상 등을 사전에 검토하고서, 지원직무, 자격요건, 기타 특이사항을 기초로 하여 파악하라.

▶ 질문의도를 파악하지 않을 경우

- 표면적인 주제, 내용에 의거하고, 지정된 양식에 따라가고, 결국 용두사미와 사족의 문장을 만든다.
- 자신의 보유역량과 자격을 기술하는 네 급급하며, '나 잘났어요!' 표현에 집중하게 된다.
- 순진하게 사실을 털어놓는 덫(trap)에 걸리고 말 것이다(당당한 소신이 필요하다).
- 결국 1회의 면접합격을 위하여, 8회의 입사지원(합격률은 12.4%)을 하게 될 것이다.

▶ 질문의도 파악의 방법

① 타인에게 직접 의도적 질문을 해본 경험이 있다면
② 질문하는 상대의 입장이 되어 보면(과거 사례, 관행, 실패 및 성공, 선호 성향 등)
③ 경청하고, 관찰하고, 분석해 보면(강조, 반복, 부연, 확인하는 내용 등)
④ 편견 및 고정관념에서 탈피하여, 다각적, 입체적으로 해석해 보면
⑤ 추후에 의도적 질문여부와 질문의도를 직접 확인해 보면(모의면접에서 확인해 보다)

자기소개서 문항 의도 확인 방법

발표형태		의견 형태	
		개인적	조직적
공식적	공식적	• 채용설명회의 실무자 조언에서 • HR실무자의 특강 내용에서 • 홈페이지 상의 선배 조언 Tip에서	• HR부서에 인턴/실습 과정에서 • 채용공고 지원서의 내용 분석에서 • 홈페이지 상의 채용 홍보 내용에서
	비공식적	• 모의 면접 참석후 질문에서 • 선배의 경험 소감에서 • HR컨설턴트의 SNS 조언에서	• 취업포털 사이트의 설문조사 내용에서 • 시사뉴스, 매스컴에서 • 전문 도서의 내용에서

* 지원기업의 자기소개서 문항을 적어보고, 의도 및 작성방향을 구성해 보세요.

57 자기소개서 작성 결과 평가

▶ 자기소개서의 고객

- 첫 번째 고객은 채용예정부서의 실무자이다. (가장 꼼꼼하게 읽는다)
- 두 번째 고객은 면접에 참석한 경영진이다. (소제목, keyword 중심으로 읽는다)
- 세 번째 고객은 면접에 참석한 HR부서장이다. (문제발견 차원에서 읽는다)

▶ 자기소개서 작성 결과 평가

- 제출 전에 반드시 작성 내용을 꼼꼼히 평가해야 한다.
- 면접 전에 반드시 작성 내용을 리뷰하여 외워야 한다.
- 자신이 제공한(하는) 질문지이며, 자소서에 의거 질문을 받는다.
- 자기소개서를 어떻게 썼느냐에 따라, 면접관의 질문은 달라진다.

① 가독성 평가

작성방법에 대한 평가로서
- 읽는 사람의 입장에서 읽기 쉽게 썼는가?
- 승인받는 보고서라는 생각으로 썼는가?
- 신뢰받는 구체적인 사실을 썼는가?

② 적격성 평가

작성내용에 대한 평가로서
- 직무수행자를 채용하므로, 직무역량을 보유하였음을 썼는가?
- 조직적응력을 기대하므로, 조직역량을 보유하였음을 썼는가?
- 역량개발의 과정에 대한 스토리로서, 신뢰가 가도록 썼는가?

자기소개서 작성 결과 평가 리스트

	평가 항목	평가결과	수정/보완 포인트
작 성 평 가	① 전체 내용을 3번 이상 읽었는가?		
	② 글자 행이 3줄 초과하는 문단은 있는가?		
	③ 숫자가 몇 개 포함되어 있는가?		
	④ 저는 주어가 몇 개 있는가?		
	⑤ 그리고, 그러나 부사가 몇 개 있는가?		
	⑥ 1제시 문항을 결론부터 썼는가?		
	⑦ 1제시 문항에 소제목은 몇 개 있는가?		
	⑧ 1제시 문항에 반복 단어가 몇 개 있는가?		
	⑨ 오탈자는 없는가?		
	⑩ 축약해 보았는가?		
내 용 평 가	① 대학 이전의 스토리가 있는가?		
	② 군복무 시절의 스토리가 있는가?		
	③ 질문이 예상되는 스토리가 있는가?		
	④ 소제목이 문단 내용을 요약한 것인가?		
	⑤ 명언, 격언, 멋진 문구가 있는가?		
	⑥ WPWP를 언급, 포함되어 있는가?		
	⑦ 경험,경력에 대한 PCRS를 언급, 포함되어 있는가?		
	⑧ 인재상, 핵심가치를 그대로 인용했는가?		
	⑨ 직무관련 비즈니스용어가 있는가?		
	⑩ 회사의 사업명, 제품명이 있는가?		

58 자기소개서 심사과정 이해

▶ 서류전형 실시

- 서류심사는 대체로 채용예정부서의 관리자가 실시한다.
- 평가내용은 이력서와 자기소개서의 내용을 기초로 직무수행 역량의 적합성을 우선한다.
- 합격규모는 지원규모 및 필기시험 실시여부에 따라 정하게 된다(서류전형에 탈락했다고 위축되지 말고, 합격했다고 자만하지 말라).
- 과거 지원 경력이 있었던 경우는 대체로 탈락시키는 경향이 많다.

▶ 서류전형 절차(대기업 사례)

- 블라인드채용확산, 지원인원증가, 시험실시부담 등으로 서류전형의 서열평가는 불가피하다.
  ① 서류심사 대상자 선정: 서류항목 서열평가에 의거, 채용예정인원의 20~30배수 수준
  ② 서류전형 합격자 선정: 현업 실무자 평가로, 채용예정인원의 10~20배수 수준
  ③ 필기시험 실시: 서류전형 합격자를 대상으로 인적성 검사 및 전공지식 필기시험 실시
  ④ 면접실시 대상자 선정: 필기시험 결과에 의거, 채용예정인원의 5배수 수준

▶ HR부서에서 서류심사 평가위원에게 당부하는 사항

  ① 채용부서의 직무수행역량을 중심으로 평가할 것.
  ② 개인의 경험, 선입견에 의한 평가 자체 및 주의할 것.
  ③ 서류작성이 불성실해 보이는 경우에는 탈락시킬 것.
  ④ 타직군 및 타직렬/직무에 적합한 지원자가 있을 경우 선발, 추천 무방함.

자기소개서 심사용 양식 사례

성명 연령	학력 전공	어학 능력	보유 자격	주요 경력	정량 평가				정성 평가	점수 합계	면접 순위	특기 사항
					직무 적합도	조직 적응력	성장 잠재력	글로벌 역량	계			

- 입사지원인원이 많을 경우 불가피하게 서류심사의 서열 평가가 실시된다.
- 입사 지원시 일정수준의 학업 성과가 있어야 하는 것도 불가피한 사항이다.
- 서류심사는 면접인원 선정을 위함이지만, 그 평가내용은 직무 및 조직적합성이다.
- 최종합격자 직무(수행) 역량, 조직(적응) 역량에 우선하여 결정된다.

- 양식에서도 이해할 수 있는 점은 서류심사도 실무자에게는 하나의 과업인 것이다.
- 입사지원서를 제출한다는 것은 한번도 본적이 없는 실무자에게 일을 시키는 것이다.
- 그렇다면 무엇을, 어떻게 작성해야 할 것인가? 그 해답이 바로 서류작성요령의 이해이다.

차별화전략스킬

59 면접의 이해와 대비

▶ 면접에 대한 지원자의 생각/자세

- 면접관은 '확인할 사항'을 준비했는데, 지원자는 '어필사항'을 준비하지 못한 경우가 있다.
- 면접관은 '사실확인'을 하려고 하는데, 지원자는 '열정전달'을 하려고 한다.
- 면접관은 '실무적 경험'이 많은 전문가인데, 지원자는 '~ 척' 하는 경우가 있다.
- 지원자는 준비한 것을 '적극적으로 설명'해야 하는데, 질문하는 것에 '소극적으로 대답'만 하려고 한다.

▶ 면접에 대한 인식 전환

① 면접은 인사부서 및 회사가 주도한다. → 내가 주도하는 것이다.
② 면접장에서 면접질문에 집중한다. → 면접 출발부터 집중한다. 질문사항은 지원서류에 있다.
③ 답변에서 실수, 당황하면 탈락된다. → 답변은 소신, 당당함이 효과적이다.
④ 면접관은 암박질문을 한다. → 암박질문은 내가 유발한 심중질문이다.
⑤ 합격여부는 회사에서 결정한다. → 합격여부는 내가 이미 제시했고, 내가 결정한다.

▶ 성공하는 지원자의 자세

- WPWP를 자신 있게, 정당하게, 정성을 다했다면 잘 본 면접이다.
- 하고 싶은 말(예상, 준비한 것)을 다했느데 탈락하였다면 그것은 성공한, 독특한 실패이다.
- 면접은 자신이 시나리오에 따라 연출하는 것이다(기회, 위기, 돌발 상황 대비 시나리오).
- 면접에서는 순진한 자기개방(고백)이 아닌, 진솔한 자기제시(강점어필)가 필요하다.

면접과정에서의 실수 발생 포인트

출발
- 지연출발
- 지참품 누락

회사 도착
- 복장 수정
- 장소 착오
- 지각
- EV 예절

면접 대기
- 긴장이완
- 통화 언어

입장 대기
- 순서 불안

면접장 입장
- 걸음 실수
- 전화벨 울림

면접장 착석
- 착석 자세
- 처음 불안
- 마지막 고민

자기 소개
- 소개요령지정
- 짧은 소개
- 선행자의 소개
- 오버 행동

면접관 질문
- 포인트 미포착
- 모르는 질문
- 압박 질문
- 전종 질문
- 신상외무 질문
- 표정관리

본인 답변
- 준비멘트 의식
- 촉촉성 착담
- 허장성세
- 빤한 답변
- 타인답변의식
- 정정, 지적 답황
- 감정적 반응
- 맞장구

본인 질문
- 차우 질문
- 돌발 질문
- 질문 부담

면접장 설명
- 무반응
- 재질문

종료 퇴장
- 종료인사멘트
- 실수고민동작

*면접진행경험과 학생소감의 내용으로, 그 외에도 다양하게 발생되므로, 사소한 것도 점검, 준비하여야 함.

차별화전략스킬

60 면접 시나리오

▶ 시나리오 전략의 의미

- 미래의 불확실성을 감안하여 다양하게 전개될 수 있는 '이슈예측' 전략이다.
- 불확실한 상황에서 발생 가능한 위험요소에 대비하기 위한 '과제도출' 전략이다.
- 제ꞏ과정을 모니터링하여, 발생 가능한 사항을 점검하는 '문제발견' 전략이다.
- 중요시 해야 할 부분을 점검하여, 주진활동을 완벽하게 달성하기 위한 '성공완성' 전략이다.
- 고정관념에서 탈피하여 간과할 수 있는 요소를 찾아내는 '의사소통' 전략이다.

▶ 면접 시나리오의 전략적 대비

- 면접의 주도적 진행자는 회사가 아닌, 자신이다.
- 완벽함과 차별화는 사소한 부분에 대한 집중으로 완성된다.
- 도착 → 대기 → 입장 → 본면접 → 마무리 → 퇴장의 전 과정에 대한 시나리오를 준비하여야 한다.
  - 정상적인 진행 상황
  - 돌발상황의 예측과 대비 포인트
  - 답변과 질문: 어떻게 답변할 것인가, 무엇을 강조할 것인가, 어떻게 질문할 것인가?
  - 매력적인 첫인상 보이기
  - 마지막 열정과 소신 전하기
  - 우려되는 약점, 버릇, 미숙, 불안, 걱정, 고민사항 대비하기

면접 시나리오 작성 양식

단계	세부절차	시나리오 내용*	차별화포인트	점검/확인사항
출발	출발/도착시간			
대기	접함 대기 /입장 대기			
입장면접	문 열기/입장 입장 인사/착석			
	자기소개	예상 질문 준비 답변		
본격면접	초반질문 답변	예상 질문 준비 답변 후속예상질문 준비 답변		
	중반질문 답변	예상 질문 준비 답변 후속예상질문 준비 답변		
	종반질문 답변	예상 질문 준비 답변 후속예상질문 준비 답변		
마무리면접	질문사항	준비 질문 예상 반응		
	마지막 한마디	준비 멘트 예상 반응		
퇴장면접	감사 멘트/퇴장 인사 퇴장/문닫기			

*시나리오 내용은 Full word로 작성하고 Key word로 외운다.

차별화전략스킬

61 면접 자기소개 멘트

▶ 자기소개 멘트가 특별해야 하는 이유

- 평가의 첫 번째이며, 출발이다.
- 첫인상에 영향을 주는 차별화 포인트이다.
- 질문의 범위를 자신이 제공하는 단초이다.
- 답변하고 싶은 질문을 유도한다.

▶ 자기소개 멘트 순서

① 간단한 인사말
② 신상 공지(지원분야, 전공, 이름 정도)
③ WPWP에 기초한 3마디 이내 멘트(분명한 어조)
④ 간단한 감사말(전체 40초 이내 권장)
⑤ 면접관의 모습, 행동 관점
⑥ 이어지는 질문 경청

▶ 자기소개 멘트를 만드는 요령

- 이력서, 자기소개서를 면접관의 입장에서 리뷰한다.
- 자신의 장점, 강점 및 어필 포인트의 내용과 배경을 리뷰한다.
- 3마디 이내로 요약한다(많이 말하면 핵심이 흐들린다).
- Keyword를 암기하여, 질문내용에 따라 활용한다.

면접의 자기소개 멘트 찾는 요령

Want	Prepare	Will	Performance

(지원직무)

• 이런 일을 하고 싶다.

– 전공학업으로
– 자격취득으로
– 관심/흥미로
– 특기/강점으로

(개발역량)

• 이런 준비를 했다.

– 학습, 교육
– 실습, 인턴
– 경력, 경험
– 여행, 견학

(업무방법)

• 이렇게 할 것이다.

– 지식스킬 발휘
– 고객시장 분석
– 조직 적응
– 대인 관계

(입사 후 포부)

• 이런 성과를 내겠다.

– 정량 성과
– 프로세스 개선
– 제도, 기준 구축
– 지표 개선

자신 있게 답변 가능한 내용	가장 먼저 질문 받고 싶은 내용	수치화하여 표현 설명 가능한 내용	기승전결이 분명한 내용	직무/회사 관련성이 높은 내용

차별화된전략스킬

62 면접 마지막 한마디

▶ 인상 결정의 Timing

① 첫인상: 보고, 듣고, 처음 가진, 외양적 느낌 및 인식
 - 이력서, 자기소개서의 작성 상태를 보고
 - 면접장 입장 모습, 태도를 보고
 - 대면 순간의 외모(복장, 헤어스타일, 표정, 말투 등)를 보고

② 끝인상: 보고, 듣고, 난 뒤에 남은, 결과적 느낌 및 인식
 - 질문내용을 듣고(신입 공채의 경우 처우사항 질문은 독이 된다)
 - 마지막 한마디를 듣고
 - 면접장 퇴장 모습, 태도를 보고

▶ 마지막 한마디의 Timing

① 면접관이 질문사항 확인할 때(예: 하고 싶은 말, 궁금한 사항이 있나요?)
② 면접 종료가 감지되는 순간(예: 합격자는 개인적으로 통보 예정입니다 등)
③ 마지막 한마디 기회 제공이 없을 경우에는 손들고 한 마디 하는 용기를 가져라.
 - 간절함은 용기를 자극하지만, 전달되어야 배려한다.

▶ 마지막 한마디의 핵심

① 면접관이 비중을 두고 있는 질문내용을 간파하라.
② WPWP를 Remind하라.
 - 이런 일(Job)을 하고 싶어(Want), 이런 역량(competence)을 준비(Prepare)하였고, 이런 성과(Performance) 달성을 위해, 이런 역할(Role & Responsibility)을 할(Will) 것이다.
③ SMART하게 말하라.

면접 마지막 한마디 찾는 요령

*마지막 한마디는 '할지' 말지'를 고민하는 것이 아니라, 반드시 '해야 하는' 필살기이다.

63 면접 진낼 과제

▶ **머피의 법칙**

– 1949년 미국의 항공 엔지니어 E. Murphy가 충격 완화 장치 실험이 실패로 끝나자, "잘못될 가능성이 있는 것은 항상 잘못된다(Anything that can go wrong will go wrong)"라고 말한 것에서 유래했다.

– 우연히 불리한 상황이 반복되거나, 원하지 않는 방향으로 일이 진행될 때 사용된다.

– 예기치 않은 상황은 예기치 않게 나타나며, 그 원인은 준비성과 철저함의 부족 때문이다.

▶ **특별함과 평범함의 발생 차이**

– 최고의 선수도, 정지의 달인도 장기와 공연 앞에서는 긴장이 된다고 한다.

– 대면평가가 익숙지 않은 피면접자의 실수이다. 라고 이해되길 기대할 수 없다.

– 사소한 부주의와 실수는 당황하게 되고, 자신감마저 위축시켜 낭패가 될 수 있다.

– 특별함과 평범함은 사소함에서 불생되며, 완벽함은 사소한 부분에 대한 집중으로 완성된다.

면접 전날 점검 포인트

점검 포인트		점검 내용 및 요령	
복장	포켓칩, 브로치	男) 포켓칩, 女) 브로치 확인 부착	
	복장 색상 의미	복장 특이 색상의 경우 의미 확인	특이색상 질문받음
	비상용 의류	女) 상의셔츠, 스타킹 여유분 가방에 보관	손상 돌발상황 대비
	단추 확인	상의 단추 상태 확인	
	가방	비상의류, 서류, 화일, 필기구, 화장지 보관용	주머니에 넣지 말 것
서류	이력서/자소서	사본 출력, 리뷰, 화일링하여 가방에 보관	
	소지 서류	신분증, 수험표, 면접어필자료, PT사본	
	면접장 지도	면접 위치와 담당자 연락처 확인	도착 사실 알림
발언	자기 소개	자기소개 멘트확인 연습(30미디, WPWP중심)	Keyword로 암기
	마지막 한마디	마지막 어필 멘트확인 연습(30미디)	
	예상질문답변	예상질문확인, 답변연습(결론, 결과 먼저)	
동선	교통편	대중교통이용 권장	
	경로	이동경로와 시간 확인	30분 전 도착 명심
	위치 확인	시간 여유시, 면접장(회사) 직접방문확인	담당자 현장 만남 대비
	경제신문 기사 확인	기업 및 산업관련 기사 확인, 의견정리	1주일분 반드시 확인

64 면접 돌발리

▲ 면접 돌발리가 생기는 이유(배경)

- 통상적으로 면접대상인원은 최종 합격인원의 3~5배수 정도이다.
- 서류전형과 면접전형의 평가기준은 약간 다르다(면접에서는 성장 잠재력도 반영함).
- 실무자는 면접 불참 가능자를 예상한다.
- 실무자는 구색 맞추기 인원을 포함하기도 한다.

▲ 면접 돌발리 의심 발생 시 대처요령

- 질문을 경청한 후, 답변을 길게 하라(3마디보다는 5마디 정도로).
- 답변에 사례설명, 상황설명을 포함하라.
- 답변을 Yes−And / Yes−But 화법으로 조정을 표현하라.
- 특별한 답변이라고 생각했느데 반응이 없으면, 부연설명을 하겠다고 제안하라.
- 질문이 없거나 적을 경우에, 질문으로 기회를 만들어라(예상질문 사전준비).
- 준비한 마지막 한마디는 반드시 하라.
- 끝까지 최선을 다하라.
  - 면접함격 유력자도 실수를 할 수 있다.
  - 최종 결정자의 관점 차이로 돌발리가 유력자로 변경될 수 있다.
  - 돌발리라는 생각에서 벗어나라.

그룹 면접 들러리 의심 포인트

구분	면접관 반응	들러리 가능성	대처 요령
자기소개	특별한 멘트임에도 관심 없이, 서류만 보고 있음.	하	서류검토중일 수 있음
면접관 질문	자신에게는 질문이 없음.	고	질문으로 발언 기회 만듦
	복장 외모 불량을 지적함.	하	설명, 변명 말고, 담담하게 사과
	HR부서장만이 자신에게 질문함.	중	논리적으로 답변
	역량 외의 중요하지 않은 신상정보만 질문함.	고	동조, 맞장구 금지
	답변내용을 수정해 줌.	하	감사인사, 더 공부하겠다고 응답
	다른 직무에 맞겠다. 타부서 배치수용 질문함.	고	소신껏 답변
이력서 내용	특별히 질문이 없음.	하	이력내용이 적으면 질문 없음.
	특이 이력에 질문이 없음.	고	다른 답변 시 특이사항 활용
	이력서내용을 지적함.	하	소신껏 답변
자소서 내용	지적 내용에 답변을 했는데 반응이 없음.	하	지적만 한 것일 수 있음.
	특별한 질문이 없음.	고	위험도 큼. 다른 질문 답변에 집중
	자소서 내용의 사실성을 의심함.	중	소신껏 답변
	사실 부연 설명에도 반응 없음.	하	지적만 한 것일 수 있음.
압박질문	압박질문, 이어지는 질문이 전혀 없음.	하	염려하지 마라.
	압박질문 답변에 부정적 반응을 보임.	중	냉정하게 받아들임.
종료상황	마지막 한마디에 특별한 반응 없음.	하	염려하지 마라.
	질문사항 있느냐고 묻지 않음.	하	마지막 한마디로 각인시킴.

65 면접 질문

▶ 면접관의 질문 발생 상황

- 지원서 내용의 특이사항(우수, 부족, 유일, 비정상, 오류), 전공지식, 스킬 및 시사 상식의 이해수준 확인
- 특이 복장에 대한 배경(복장·색상, 헤어스타일, 女) 바지착용) 확인
- 지원서에 작성되어 있지 않은 신상사항(가족관계, 취미특기, 연인관계, 관심사 등), 앞 사람의 답변 내용에 대한 본인의견 확인
- 면접 분위기 지원에서의 질문(면접소감, 참석경위 및 경로, 회사 및 면접관 이미지 등)

▶ 답변 시에 흔히 발생되는 실수 107지

① 외워서 말하는 듯한 답변(잠깐만요. 다시 하겠습니다)

② 부정직하거나, 일관되지 않은, 과장된, 정당화하려는 듯한 답변

③ 이력서, 자기소개서의 내용과 상이한 답변

④ 자기 생각과 유사한 앞 사람의 답변에 당황하여 급히 바꾼 답변

⑤ 정정하지 않고, 질문 의도와 다른 답변

⑥ 맞이 않고, 장황하게, 반복해서 설명하는 답변

⑦ 소극적, 방어적, 관심 없는 듯한 지나치게 간단한 답변

⑧ 뻔한, 진부한, 틀에 박힌 듯한 답변(무엇이든 시켜주면 다하겠다)

⑨ 질문내용에 반박하는 답변(가족관계, 연인관계 질문에 항의)

⑩ 면접관의 농담, 우스갯소리에 맞장구치는 동조 답변

면접에서 질대해서는 안 되는 질문 사례

구분	질문 사례	면접관의 인식
회사 사업	회사에 불리한 기사내용 확인 질문	부정적인 생각을 가지고 있다.
	회사에 유리한 기사내용 확인 질문	질문 이유가 분명치 못하면 쓸데없는 일에 관심이 많다.
	경영방침, 인재상, 조직문화에 대한 질문	회사 이해도가 낮다.
근무조건	직무 내용에 대한 질문	직무 지식이 부족하다.
	지방 근무에 대한 질문	입사 포기의 가능성이 높다.
	부서내 여성 비율에 대한 질문(여성)	질문 이유가 분명치 못하면 여성을 선발해도 괜찮을까를 생각한다.
	부서이동 기회 및 가능성에 대한 질문	직무적성, 조직 적응도가 의심된다.
인사처우 복리후생	급여, 상여나 복리후생에 대한 질문	업무집중도가 낮다(탈락 가능 높음).
	퇴근시간, 야근, 휴일 근무에 대한 질문	중도 퇴직이 예상된다(탈락 가능 높음).
	기숙사 등 주거 지원에 대한 질문	입사 포기의 가능성이 높다.
면접관 개인사항	면접관의 의중, 이사를 확인하는 듯한 질문	뭐야? 성향이 의심스럽다.
	답변하기 애매한 질문	허허 웃지만, 이미지가 손상된다.

66 면접 답변

▶ 답변의 정의

- 답변의 영어 단어는 Answer, Respond, Comment, Explanation 이다.
  - Answer : 질문에 답하는 말.
  - Respond : 반응을 보이는 행동
  - Comment : 개인 생각을 설명하는 의견
  - Explanation : 종합적으로 표현하는 설명

▶ 예상 질문 찾기

- 서류전형에 합격했고, 면접통보를 받은 것은 지원서류를 보니, 물어볼 것이 있다는 의미이다.
- 지원서류의 내용에서 면접관이 궁금해 하는 것이 무엇일까?을 찾아서 정리하는 것이 예상질문을 찾는 것이다.
- 면접관의 스타일을 모른다고, 그냥 참석하는 것은 용기와 도전정신이 아니다.
- 질문예상보다 더 중요한 것이, 답변을 잘하는 것이다. (의경걸금3마디)
  - 의도(intention)확인하며, 경청(listen)하여
  - 결론(result)부터, 논리적(logic)으로,
  - 진솔(truth)하고, 긍정적(positive)으로,
  - 3마디로 핵심(core)만 말한다.

▶ 면접관이 어떤 사람인지를 알 수 있는 방법

- 관심, 선호(비선호), 호감(비호감), 성격, 나이, 성, 행동 및 말하는 스타일 등

- 지원직무 및 지원기업의 선정되어야 면접관을 알 수 있는 기회를 가질 수 있다.
  - 현장실무경험(실무경험, 인턴, 실습, 아르바이트)
  - 기업분석(Job-Organizational culture-opening Board)
  - 멘토확인(설명회, 전시회, 박람회 등에서 만난 현직자)

- 사상체질 유형 파악 및 해석 방법을 익혀서 활용해보자.
  - 영업직군 부서장은 태양인 성향이 많다.
  - 생산, 설치, 시공 부서장은 태음인, 태양인 성향을 선호하는 경향이 많다.
  - 개발, 설계 부서장은 소음인, 태음인 성향을 선호하는 경향이 많다.
  - 홍보, 마케팅, 서비스직군 부서장은 소양인 성향이 많고, 선호한다.
  - 회계, 재무, 기획 직군 부서장은 소음인 성향을 선호하는 경향이 많다.
  - HR(인사, 연수, 노무) 부서장은 소음인 성향이 많다.

면접 예상질문과 예상답변

구분	예상 질문 찾기	예상 답변 준비
이력서	지원직무와 비관련 전공인 경우	복수전공, 실무경험을 설명하라. *전공에 관심이 없었다고 하면 안 됨.
	비관련 자격만 있는 경우	진로방향의 다양성과 관심차원을 설명하라.(IT자격은 비관련 아님).
	어학점수가 낮거나, 없는 경우	업무차원이다. 학습부족을 시인하라. *필요성, 관심 적었다고 하면 안 됨.
	아르바이트 많거나, 적은 경우	많고 적음보다, 경험의 소감을 설명하라. *PCRS 정리가 필요하다.
자기소개서	지원동기 확인 질문	의지, 준비성 확인이다. 정리된 WPWP를 설명하라.
	학업, 경험, 주의, 성장과정 질문	구체적 사실 확인이다. 막연하게, 길게, 반복하면 압박질문한다.
	성격, 장단점 설명 요구	논리적 표현 확인이다. 약점, 단점이 극복노력으로 설명하라.
	입사 후 포부 설명 요구	현실적 이해 확인이다. 강점과 특기 활용계획을, 3년 이내로 설명하라.
	지적 및 의심 질문	경하히 받아들이고, 강하게 확인시키려 하지 마라. 더 노력하겠다고.
채용공고	직무내용 이해수준 확인 질문	소신을 가지고 설명하라. 설명해주면 감사 멘트를 반드시 하라.
	우대사항의 보유확인이 질문	있으면(있세) / 없으면(없으면) 강점, 특기 활용, 보완하겠다고 어필하라.
	희망급여, 자유확인 질문	사전에 조사하라. 현재가 아니라, 3년 후 목표 기대수준을 설명하라.
	지원부서와 다른 배치 수용확인	지원의 소신을 어필하라. 필요하다면 수용할 수도 있는 여운 남겨라.
	다른 기업 탈락 이유 확인 질문	모르겠다고 하지 마라. 그동안 추가 노력의 결과를 활용하여 대답하라.
회사정보	회사 제품, 사업에 대한 질문	모른다 하면 안 됨. 회사 및 면접장에서의 소감, 아이디어를 활용하라.
	신문기사에 대한 질문	소신이 중요하지 않음. 합리적, 중립적 의견으로 넘어가라.
	앞 사람 의견에 대한 질문	같은 생각이라고 하면 기회상실이다. 반대 의견보다, 첨언으로 넘어가라.

* 자신의 지원서류에서 10개의 예상질문을 찾고, 예상답변의 키워드를 외워라.

67 면접유형 전략

▶ 면접유형별 중점 평가 포인트

- 면접유형에 따라 전략적 준비와 대응이 필요하다.

유형	1 대 1	1 대 多	多 대 多
활용 목적	실무자 면접 -최종면접대상자 선정	전문가(팀장) 면접 -직무역량과 인성 파악	임원 면접 -재확인 및 확정
면접 포인트	• 조직적응력 중점확인 • 자격, 경력중심 질문 • 특정전공분야 확인	• 전공과 인성 중점확인 • 경청력, 준비과정 질문 • 구체적, 꼼꼼한, 난감질문	• 상대평가 위해 패턴질문 • 특정스타일에 집중 • 강점, 장점에 관심
목표	2~3배수 내에 포함한다.	직무역량을 증명한다.	매력포인트를 어필한다.
효과적 대응 방법	• 조직친화력 보여라. • 강한 열정과 포부 • 강점을 자신 있게 • 충실, 상세한 답변 • 침착, 겸손한 질문 • 실수를 두려워 말라.	• 첫인상에 집중하라. • 성실성, 진실성 어필 • 경청과 여유롭게 • 결론부터 명료히 설명 • 궁금질문 자제해야 • 실수 절대 안 된다.	• 자신만의 강점을 어필하라. • 논리적으로 소신제시 • 회사, 제품용어 활용답변 • 옆 사람 말, 행동 살핌 • 분위기 맞추되 오버조심 • 마지막 한마디 반드시

면접 심사지

〈A우수(우선채용) B+양호(채용), B0보통(고려), B-부족(보류), C미흡(채용불가)〉

응시분야	전략기기개발		평가 항목																				특기사항	최종평가	비고
	인적사항		성장배경 및 학력					조직 적응력 및 팀워크					인성 및 성격특성					전문지식 및 기술							
			A	B+	B0	B-	C	A	B+	B0	B-	C	A	B+	B0	B-	C	A	B+	B0	B-	C			
성명(연령)	홍길동 (27)	Toeic 750																								
혼인(주소)	미혼 (한국)	어학수준	Toeic(S) 140																						
		Opic (M2)																							
학력	고교	한국고 (인문)																							
	대학	한국대 (전기)	자격	전기기사 (1급)																					
	대역	—	경력	AA전자 인턴 (11.3.~8.)																					
	병역	육군 (병장)	수상	교내공모전 입선(11.5)																					

• 평가항목은 조직 적응력과 인성특성의 비중이 높다.
• 종위(B+, Bo, B-) 평가등급에서 합격자가 결정된다.
• 첫인상과 끝인상에 따라 종위평가등급이 변경될 수 있다.

68 모의 면접

▶ 모의 면접에 참가하지 않는(못하는) 솔직한 이유 및 배경

- 서먹함, 부담감 때문이 아니라, 준비가 부족하기 때문이다.
- 시간적 여유가 있기 때문이 아니라, 중요성을 인지하지 못했기 때문이다.
- 자신의 강점, 약점을 잘 알고 있기 때문이 아니라, 고정관념에 빠져있기 때문이다.

▶ 모의 면접의 효과

- 모의 면접을 한번도 가보지 않고 면접에 참가하는 것은 ① 떨어져 보겠다는 생각이고, ② 연습도 하지 않고서, 자신하는 작가이다.
  - 면접장의 상황 및 분위기를 경험, 연습할 수 있다.
  - 면접관의 시각, 반응, 선호도를 확인할 수 있다.
  - 면접 실전 포인트 및 방향을 체득할 수 있다.
  - 면접의 두려움, 부담감 완화 및 자신감을 강화할 수 있다.
  - 자신의 강점, 약점에 대한 객관적 시각을 확인할 수 있다.
  - 의도적 답변과 질문을 통하여 면접관의 반응을 확인해 볼 수 있다.
  - 나른 참가자의 대응을 벤치마킹할 수 있다.
  - 효과적인 면접시나리오를 준비할 수 있다.
  - 연습은 실수와 실패의 가능성을 저감시키고, 자신감과 성공을 보장해 준다.

모의 면접 참가 요령

사전 준비
- 이력서, 자기소개서를 지참하라.
- 완벽하지 않아도 된다.

첫 번째 참석
- 관람자료서,
- 분위기를 익히러 간다.
- 참가자의 행동특성을 확인하라.

→
- 나라면 어떻게 했을까?
- 참가자의 답변은 어떤가?
- 면접관의 발언은 어떤가?

두 번째 참석
- 피면접자료서,
- 예상질문과 답변을 준비하라.
- 궁금한 사항은 질문도 해보라.
- 다른 사람의 답변도 들어보라.

→
- 자신의 기분, 심정, 특징은?
- 나도 몰랐던 지적 사항은?
- 면접관의 피드백(칭찬, 조언)?
- 다른 사람과의 답변 차이는?

세 번째 참석
- 면접관을 면접하는 자세로,
- 의도된 답변을 준비하라.
- 면접관의 반응행동을 확인하라.

→
- 자신의 답변에 대한 호/불호 사항?
- 자신의 답변에 대한 추가/압박질문?
- 자신의 질문에 대한 반응/평가?

사후 활용
- 면접 시나리오를 작성한다.
- 예상질문과 답변을 정리한다.

69 인적성검사

▶ 인성검사

(내용) 지원자의 성격, 가치, 태도 등이 특정의 업무 및 조직과의 적합성 정도를 측정함.

(항목) 조직특성, 직무특성 등에 따라 달라짐. (10~40개)

(검사) 항목별 개인별 절대평가 또는 개인 내의 성향의 상대적 강도를 비교함.

(평가) 조직내 우수성과자의 점수 Norm을 기준으로 함.

(활용) 부적응자의 탈락 기준, 면접, 선발, 배치시 참고자료로 활용됨.

▶ 적성검사

(내용) 지원자의 직무 및 직군영역에서 요구되는 가장 기본적인 능력을 측정함.

(항목) 언어력, 수리력, 추리력, 공간지각력, 지각속도 등으로 직무/직군 특성에 따라 변형됨.

(검사) 항목별 개인별 절대평가임. (2hr 가량)

(평가) 해당 직무에서 우수 성과를 낼 수 있는 작성 확인 및 지적 수준을 측정함.

(활용) 자평가자의 탈락 기준, 우수 인재로의 성장가능성 확인자료로 활용됨.

▶ 인적성검사 대비 요령

- 인성은 조직 적응과 직무수행에서 기대하는 사회성으로서 기출문제의 유형 이해가 필요하다.
- 기대하는 사회성의 기준은 지원 기업의 지향점이므로 기업분석과 이해가 선행되어야 한다.
- 적성은 직무수행에 필요한 기초적인 능력으로, 객관적 평가를 실시한다.
- 적성은 시간적 제어 하에 상황을 전제로 하므로, 빠르고 정확히 많이 풀어야 한다.

- 작성 평가항목의 유형이해와 풀이방식을 알아야 고득점이 가능하므로 많은 학습이 필요하다.
- 어려운 문제, 긴 문제, 생소한 문제에 매달려서 시간을 낭비하지 않도록 한다.
- 특히 인성검사 결과는 면접에서의 질문을 통하여 검증한다.

• 면접관의 질문 내용이 회사의 인재상과 관련되어 있다면
(예시: 다른 사람과 함께 일을 하면서 느낀 애로사항과 이를 극복했던 경험을 말해보세요)
이는 분명 인성검사결과를 바탕으로 한 질문이라고 이해하라.

• 인재상 및 핵심가치와 관련된 질문의 답변 요령
① 서류작성 및 면접 전에 인재상과 핵심가치의 내재적 의미를 이해하여야 한다.
② 자소서에 작성한 사례를 활용하면 이해하기 쉽게 설명할 수 있다.
③ 이성적 판단을 기반으로 설명하지만, 뻔한 답변이 되지 않도록 사전구상한다.
④ 맞지고, 감동적인 답변을 하려고 하지마라. 소소하지만 진솔하게 설명하라.

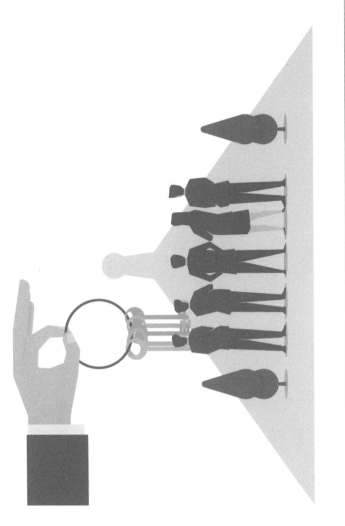

인적성 검사 결과지 사례

인성검사 결과			적성검사 결과			직군별 적합도 결과			
적합도	순위	등급	능력	순위	등급	관리	영업	R&D	Eng.
45	42/65	B	80	7/65	A	88	87	82	94

	검사항목	점수	개념 설명
인성	진실성	77	말과 행동이 참되고 합리적인 것.
	상호존중	36	개개인의 개성과 다양성을 인정하고 소중하게 생각하는 것.
	배려	14	주변 사람에게 관심을 기울이고 그들이 성장하고 성공할 수 있도록 도와주는 것
	신뢰	20	긍정적인 삶의 태도로 교제, 상하, 동료간에 믿음을 주고 받는 것
	적극성	39	밝은 기운과 긍정적 Mind로 대물어 잘 되고, 윤리적 절차와 기본을 준수하는 인재
	창의력	100	변화를 추구하고 가치를 창출함으로써 글로벌 기업으로 성장을 주도하는 인재
	프로의식	55	최고가 되기 위해 꾸준히 노력하며 세계무대에서 경쟁할 수 있는 전문성을 가진 인재
	언어이해	68	글과 말의 의미를 정확히 이해하고, 목적과 취지에 맞는 표현을 사용할 수 있는 능력
적성	문제해결	94	주어진 정보를 활용하여, 업무상황에서 접할 수 있는 문제들을 해결할 수 있는 능력
	자료해석	86	다양한 자료를 빠르고 정확하게 이해하며, 함축된 정보와 의미를 추출하는 능력
	집중력	71	방해자극 속에서도 주어진 규칙을 따라 특정 작업 및 과정에 집중할 수 있는 능력
	사무지각	60	필요한 정보를 기억하고, 사무 작업을 빠르고 정확하고 정확하게 수행하는 능력

	강점	약점
성격특성	• 상상력이 풍부하고 많은 아이디어를 가지고 있음 • 다양한 생각과 문제 해결책을 제시함. • 프로세스를 순수하며, 계획적으로 행동함. • 외향적이며, 낯선 사람과도 쉽게 어울림.	• 싫어하는 사람과 함께 하는 것을 피하려 함. • 다음으로 미루는 경향이 있음. • 시간과 노력이 직계 드는 것을 하려는 경향 있음. • 간혹 높은 목표를 세워 스스로를 피곤하게 만듦.

70 PT 면접

▶ 효과적인 프레젠테이션의 선행 사항

- 3P(Purpose, People, Place) 분석을 선행한 후, CSA(Contents, Skill, Attitude)를 결정한다.
  - 목적(Purpose)분석은 주제를 뽑게, 과제를 구체적으로 하기 위함이다.
  - 청중(People)분석은 청중와 관심사에 따라 내용의 범위와 깊이를 정하기 위함이다.
  - 장소(Place)분석은 예기치 않은 상황에 대비하기 위함이다.

▶ 설득력 있는 프레젠테이션의 핵심 사항

① 판단에 근거한 주장: 단순한 의견이 아닌, 이렇게 해야 한다(So What)는 주장을 제시한다.
② 논리적인 전개: 주장의 근거가 이렇다(Why So)는 배경, 이유를 논리적으로 설명한다.
③ 구체적인 방법: 구체적으로 이렇게 하라(How Do it)는 실행 방법의 제시가 행동을 이끈다.

▶ PT 면접의 준비

- 특정 주제에 대한 지식뿐만 아니라 논리력, 문제해결능력, 의사소통능력을 다각도로 평가한다.
- 자기주장의 논리적 전개능력, 발표/질의응답 과정에서의 성격, 태도에 대한 평가 비중이 높다.
- 평소 시사이슈 학습, 문제분석스킬, 문서작성 및 발표요령 등을 꾸준히 연습하여야 한다.

PT 면접 진행 및 제시문 사례

주제제시/설명 → 자료분석 → 문서작성 → 발표연습 → PT 발표 → 질의응답 → 종료

(30분 전후) (5분) (10분)

기출 제시문

유형	유형 특징	기출 제시문
전반분석형 (A형)	특정 주제에 대해 전반 입장 선택 후, 자기의견의 타당성 발표	담뱃값이 만원으로 오른다면 담배의 수요가 얼마나 감소될 것인가를 예측해보시오.
아이디어형 (I형)	특정 주제에 대한 아이디어 발표	우리 회사가 진출할 수 있는 신사업을 제시하고, 사업 선정 배경과 현재 상황분석, 그리고 향후 전망에 대해 설명하시오.
문제해결형 (S형)	제공된 정보를 통해, 타당성 있는 실행안 선정 발표	저가항공공사의 노선 확장으로 대형항공사의 경영이 악화되고 있는 실정이다. 이러한 사업 환경에서 경쟁우위를 확보할 수 있는 장단기 사업전략을 제안하시오.
주제지정형 (T형)	사전에 발표 주제를 공지한 후, 자기 의견 및 해결안 발표	향후 10년간 미래형 자동차 산업에 대비한 사업전략 과제와 R&D 방향을 제안하시오.

71 영어 면접

▲ 영어 면접 이해

- Native 수준의 회화보다는, 자신감과 열정을 평가하며, 회화 가능한 동료를 선발하고자 한다.
- 사내 원어민이 참석, 질문하기도 하지만, 면접긴장을 이해하며, 원활한 소통은 기대하지 않는다.
- 일반면접의 답변 정답과 같이, 자신의 소신을 적극적으로 어필하는 자신감이 중요하다.
- 기본영어능력은 특별한 역량이 되지 않으며, 인증점수확인 외에 특별한 TEST와 비중은 크지 않다.

▲ 영어 면접 답변

- 심화영어면접은 해외비즈니스와 직접 관련된 직무분야에서, 면접 장면에 바로 실시한다.
- 자기소개, 회사소개와 같은 패턴화된 질문보다, 한국어 질문에 영어 답변을 요구한다.
- 면접준비를 위한 예상질문과 답변 연습을 영어로 준비하라.
- 일반적 질문에 회사, 제품용어 활용답변이 관심이 있는 것처럼, 영어답변에서도 효과적이다.
- 외국어 면접긴장극복을 위해, 기출 문제를 찾아 연습하고, 비즈니스용어를 영어로 정리하라.

▲ 영어 면접 결과

- 영어능력이 합격을 결정하지는 않는다.
- 긴장하여 실력발휘를 못했다 하더라고, 기죽지 말고, 끝까지 집중하라.
- 유창하지 않은 영어실력보다, 인성 및 조직역량 부족으로 탈락된다.

영어 면접 질문 사례

구분	질문 사례
일반질문	• Briefly, introduce yourself please. • Why did you apply this company? • Why should we hire you? • What do you do in free time? • What is the greatest achievement, and why do you think so? • What are your goals for your future career? • Tell me about your excellent performance. • Do you have anything to say?
생활표현	• 최근 감명 깊게 본 영화에 대해 말해보라. • 생일을 어떻게 보내는가? • 가보고 싶은 여행지는 어디인가? • 외국에 여행할 당시 그 곳의 날씨는 어떠했는가?
논리표현	• 능력별 급여와 고정급여 중 어느 것을 선택하고 싶은가? • 경제신문과 일반신문의 차이를 설명해보라.
시사이슈	• 성범죄자 명단을 인터넷에 올리는 문제에 대하여 어떻게 생각하는가? • 회사에서 개인PC에 보안을 강화하는 것에 대하여 어떻게 생각하는가?
호감표현	• 가전제품 카탈로그를 활용, 상품판매상황을 가정하고 구매를 유도해 보라. • 스마트폰 교체하려는 고객에게 자사제품을 소개하라.

72 입사 포기

▶ 입사 포기(조기퇴사) 사유의 발생 배경

- 신입사원의 약 20% (대기업10%, 중소기업 30%)가 1년 이내에 퇴사하고, 입사 포기 인원도 최종 합격자의 8% 수준이다 (2012년 신문기사).

  ① 조직 및 직무적응 실패, ② 급여 및 복리후생 불만, ③ 근무지역 및 근무환경 불만
  ④ 공무원 및 공기업 취업준비, ⑤ 진학 및 유학

- 채용담당자 역시, 신입사원 중 약 30%는 재용이 후회스럽다고 한다(2011년 신문기사).

  ① 면접 때와는 달리 열정부족, ② 책임감 부족, ③ 조기퇴사 및 이직 생각
  ④ 편한 일만 선호, ⑤ 인사성 및 기본예의 부재, ⑥ 스펙만 좋고 실무능력 부족

▶ 입사 포기(조기퇴사)의 득과 실

- 직장은 포부의 현장이므로, 선택(OPTION)이 변화가 요구된다.

  Objective(목표), Performance(성과), Time(시간), Interest(관심), Opportunity(기회), Network(관계)

- OPTION의 변화요구는 적응 노력 못지않게 갈등과 스트레스 상황에 놓이게 된다.

- 적성과 가치관 그리고 비전의 재정립과 함께 새로운 도전은 성장의 계기가 될 수 있다.

- 성장에는 성장痛이 수반된다. 단단해지려면 눈비를 맞고 극복하여야 할 것이다.

- 직무수행역량 못지않게 조직적응역량은 기업이 선호하는 우선역량이며, 경쟁력이 된다.

- 입사 포기(조기퇴사)의 경함이 새 직장 선택의 디딤돌을 담보한다고 할 수는 없다.

- 입사지원서부터, 기업의 조직문화宮察을 바탕으로 성공취업의 방향을 설정하여야 한다.

입사 포기(조기 퇴사) 유혹 대처 요령

구분	불만 사유/배경	사고 전환 및 대처 요령
처우	급여, 연봉이 기대에는 다르다.	• 생애 총급여를 생각해보라. • 단계적 강화 계획을 수립하라.
	휴일, 휴가 없이 일만 하는 것 같다.	• 진담, 특근의 발생원인을 찾아 대처하라. • 보상이 없다면, 요구하라.
	보상의 양보를 요구한다.	• 조직적 양보와 개인적 양보를 확인하라. • 마지노선을 관리하라.
직무	일이 재미도 없고, 배울게 없는 것 같다.	• 재미로 일 하는 사람은 아마추어이다. • 교육훈련과 직무순환의 기회를 찾아라.
	일의 완성과 성과 달성이 부담스럽다.	• 팀플레이어가 유능한 직장인이다. • 정보공유와 업무체계구축도 업무성과이다.
	직무환경, 근무조건이 열악하다.	• 환경개선의 5S기법을 학습, 전파하라. (5S: 정리, 정돈, 청소, 청결, 습관화)
	상사의 스타일에 적응하기 어렵다.	• 상사의 스타일은 상사의 문제이다. • 기다려 보라. 함께 해결해 보라.
조직	왕따, 들러리 같은 기분이 든다.	• 업무 외 영역에서 제 역할을 찾아보라. • 함께 할 수 없으면 떠나면 된다.
	업무外, 직장外 제약과 구속이 부담된다.	• 자신의 시간, 공간은 나의 것이다. • 단호한 보호가 정상이고, 붙이어이 없다.
기타	양성 관계가 불편하다.	• 엄격하게 대처하라. • 경고, 고발하라. 동료가 될 수 없다.

참고

- 본서는 이렇게만 하면 절대 실패하지 않는 「성공취업가이드」의 심화편으로서
- 본서 내용이 충분한 이해를 돕고자
- 성공취업가이드(기본편)의 관련 내용과 비교하여 제시하였음.

성공취업가이드(기본편)의 관련내용 비교

차별화전략스킬/도표&양식	성공취업 가이드/목차 & 내용
1. 성공취업의 출발	2. 하고 싶은, 해야 하고, 할 수 있는 것을 확인하라. p.6
2. 대학취업의 과제	3. 자신에게 혁신이 서야 성공취업이 가능하다. p.8
3. 취업준비 평가 리스트	41. 직무결정은 자기정립에서부터 시작하는 것이다. p.111
4. 취업전략의 핵심과제	43. 직무탐색의 과정이 대학생활이다. p.116
5. 성공취업의 A~Z	20. 실행하는 것이 계획이고 목표이다. p.52
6. 취업전략 평가리스트	1. 인사담당자의 첫 번째 질문은 지원직무이다. p.4
7. 취업전략의 세분화 및 다각화 방향	36. 취업역량은 차별화 역량이다. p.93
8. 취업시장 세분화 예시	37. 역량개발의 로드맵을 그려라. p.95
9. 취업시장의 분류와 전략 방향	33. 중소기업 정규직 인턴으로 조직역량을 개발하라. p.84
10. 목표의 위치	
11. SMART한 목표 평가	
12. KPI 작성 사례 예시	
13. Logic Tree 작성 요령	17. 성공취업, 중요한 것부터 먼저하라. p.43
14. Logic Tree 작성 예시	38. 역량개발을 실천계획은 SMART해야 한다. p.97
15. 간트차트 작성 예시	49. 직무탐색을 위한 활동계획을 수립하라. p.128
16. 역량 스케줄링 방법 예시	
17. 시간 관리 매트릭스	
18. 취업활동 공개 방법	

차별화전략스킬/도표&양식	성공취업 가이드/목차&내용
59. 면접과정에서의 실수 발생 포인트	98. 사소한 부주의가 준비한 자신감을 망친다. p.247
60. 면접 시나리오 작성 양식	87. 면접은 자신의 시나리오를 연출하는 무대이다. p.221
61. 면접의 자기소개 멘토 찾는 요령	88. 면접관은 지원 서류를 보고 질문한다. p.222
62. 면접 마지막 한마디 찾는 요령	96. 자신감은 스스로 믿기 때문에 생긴 능력이다. p.243
63. 면접 전날 점검 포인트	95. 마지막 한마디가 합격을 결정한다. p.239
64. 그룹 면접 돌려가 의심 포인트	91. 압박면접은 본인이 느낀 것이다. p.231
65. 면접에서 절대해서는 안 되는 질문 사례	99. 주도적인 준비로 면접돌려러를 탈피하라. p.248
66. 면접 예상 질문과 예상 답변	98. 사소한 부주의가 준비한 자신감을 망친다. p.247
67. 면접 심사 양식 사례	90. 나만의 답변으로 빈출 질문을 준비하라. p.228
68. 모의 면접 참가 요령	89. 면접유형에 따라 차별화전략이 필요하다. p.226
69. 인·적성 검사 결과지 사례	86. 면접관은 재치와 순발력을 평가하지 않는다. p.219
70. PT 면접 진행 및 제시문 사례	34. 기업분석 없이는 인·적성검사 통과 쉽지 않다. p.86
71. 영어 면접 질문 사례	26. 과제실행스킬로서 직무역량이 평가된다. p.68
72. 입사포기(조기 퇴사) 유혹 대처 요령	92. 영어면접, 영어를 면접하는 것이 아니다. p.233
	17. 성공취업, 중요한 것부터 먼저 하라. p.43

서연용

경영학박사
취업상담사
직업능력개발훈련교사
현) 대구대학교 인문대학 유럽문화학과 교수

전) 충북대학교 경영대학(원) 겸임교수
전) LG, LS그룹 HR(인사, 노무, 연수) 팀장 역임
　　HR컨설팅 및 교정 활동 다수
저서) 이렇게만 하면 절대 실패하지 않는 성공취업가이드(박영사, 2018년)

성공취업을 보장하는
차별화 전략 스킬

초판발행　　2020년 10월 30일

지은이　　　서연용
펴낸이　　　안종만·안상준

편 집　　　전채린
기획/마케팅　장규식
표지디자인　박현정
제 작　　　고철민·조영환

펴낸곳　　　(주)**박영사**
　　　　　　서울특별시 금천구 가산디지털2로 53, 210호(가산동, 한라시그마밸리)
　　　　　　등록 1959. 3. 11. 제300-1959-1호(倫)

전 화　　　02)733-6771
f a x　　　02)736-4818
e-mail　　　pys@pybook.co.kr
homepage　　www.pybook.co.kr
ISBN　　　　979-11-303-1123-4　93320

copyright©서연용, 2020, Printed in Korea

정 가　　15,000원